Caminhar juntos 9

ENSINO RELIGIOSO

Humberto Herrera
Licenciado em Filosofia e Pedagogia pela Faculdade Padre João Bagozzi.
Especialista em Ensino Religioso, Gestão de Processos Pastorais, Gestão e Docência.
Mestre em Educação pela Universidade Tuiuti do Paraná.
Professor e coordenador na Faculdade Padre João Bagozzi.
Assessor de Grupo de Trabalho Pastoral da Associação Nacional de Educação Católica do Brasil.
Membro da Sociedade Brasileira de Cientistas Católicos.

São Paulo, 1ª edição, 2019

***Caminhar Juntos* – volume 9**

Direção editorial M. Esther Nejm
Gerência editorial Cláudia Carvalho Neves
Gerência de *design* e produção André Monteiro
Edição Ana Carolina Nitto (coordenação), Cláudio Mattiuzzi, Maria Rocha, Nanci Ricci, Regina Gomes, Rodrigo Souza
Suporte editorial: Fernanda Fortunato
Coordenação de preparação e revisão Cláudia Rodrigues do Espírito Santo
Preparação: Luciana Chagas
Revisão: Fernanda Oliveira Souza, Iris Gonçalves, Valéria Cristina Borsanelli
Coordenação de *design* Gilciane Munhoz
***Design*:** João Pedro Brito, Thatiana Kalaes
Coordenação de arte Ulisses Pires
Edição de arte: Eduardo Sokei
Coordenação de iconografia Josiane Laurentino
Pesquisa iconográfica: Beatriz Micsik
Tratamento de imagem: Marcelo Casaro
Capa João Pedro Brito
Ilustração da capa: Marcelo Martins/Norte
Projeto gráfico João Pedro Brito
Editoração eletrônica Essencial Design
Pré-impressão Américo Jesus
Fabricação Alexander Maeda
Impressão Gráfica e Editora Pifferprint Ltda

Dados Internacionais de Catalogação na Publicação (CIP)
(Câmara Brasileira do Livro, SP, Brasil)

Contreras, Humberto Silvano Herrera
Caminhar juntos : 9º ano : ensino religioso / Humberto Silvano Herrera Contreras. — 1. ed. — São Paulo : Edições SM, 2019.

ISBN 978-85-418-2411-8 (aluno)
ISBN 978-85-418-2415-6 (professor)

1. Ensino religioso (Ensino fundamental) I. Título.

19-26472 CDD-377.1

Índices para catálogo sistemático:
1. Educação religiosa nas escolas 377.1
2. Ensino religioso nas escolas 377.1
3. Religião: Ensino fundamental 377.1

Maria Alice Ferreira – Bibliotecária – CRB-8/7964

1ª edição, 2019
4ª impressão, 2020

SM Educação
Rua Tenente Lycurgo Lopes da Cruz, 55
Água Branca 05036-120 São Paulo SP Brasil
Tel. 11 2111-7400
atendimento@grupo-sm.com
www.grupo-sm.com/br

Apresentação

Caro(a) aluno(a),

Apresentamos a coleção **Caminhar Juntos**, cuja proposta é promover o conhecimento sobre a diversidade de manifestações religiosas presentes no Brasil e no mundo.

Cada livro desta coleção é uma aventura! Você vai abrir janelas que lhe permitirão compreender alguns elementos de sua realidade e da vida em sociedade.

Ao ampliar seus conhecimentos sobre as várias religiões, você será capaz de reconhecer a riqueza da diversidade cultural e religiosa e mostrar uma atitude permanente de respeito e de diálogo, tornando-se promotor(a) da cultura de paz.

Nesta coleção, você também vai encontrar diversas propostas de atividades, que, realizadas com os colegas, os familiares e o professor, possibilitarão a você saber mais sobre a cidade, o país e o mundo em que vive, transformando-se no(a) protagonista dessa caminhada!

Desejamos que, a cada passo dado, suas experiências de aprendizagem promovam uma vida mais abençoada e plena de sentido.

Que Deus acompanhe você nesta jornada!

O autor

Conheça seu livro

Abertura de unidade

A primeira página de cada unidade traz uma imagem e algumas questões que suscitam a reflexão inicial acerca do tema proposto.

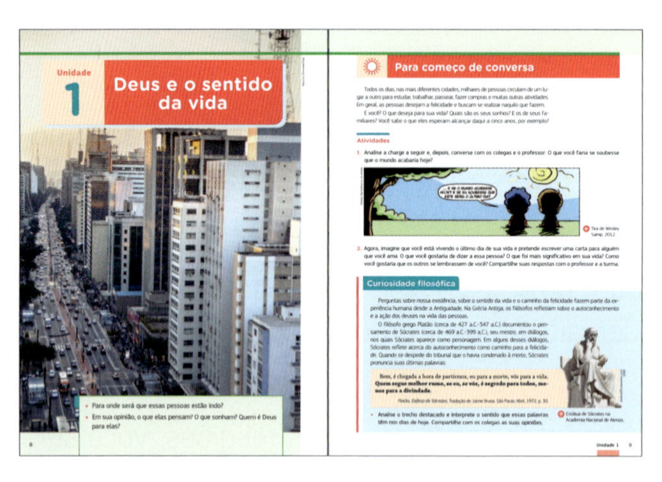

Para começo de conversa

Esta seção é composta de textos, imagens e atividades que aprofundam o contato com o tema tratado na unidade.

Curiosidade filosófica

Boxe que traz o pensamento de filósofos, cientistas ou intelectuais, relacionando-o aos assuntos centrais da unidade.

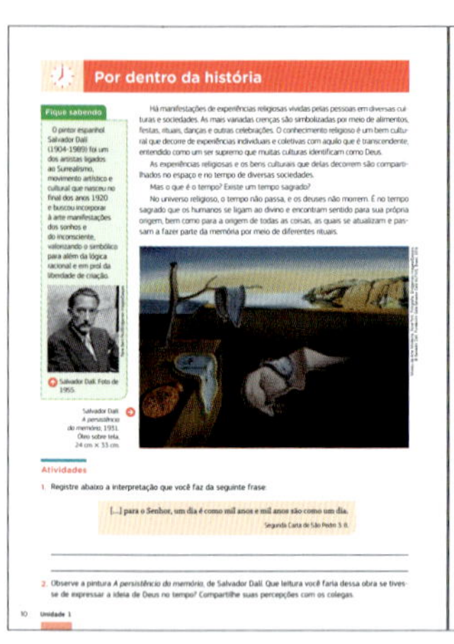

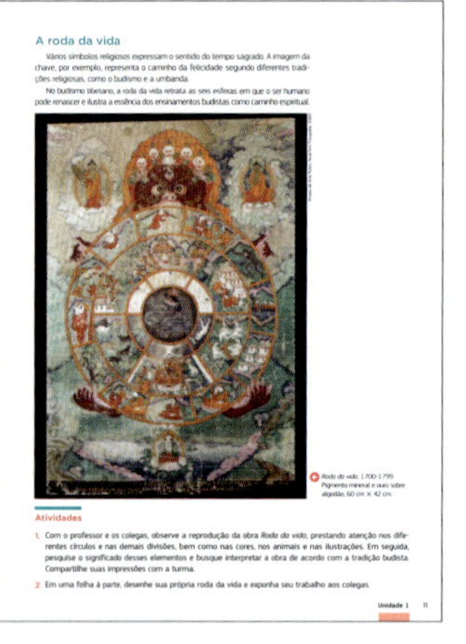

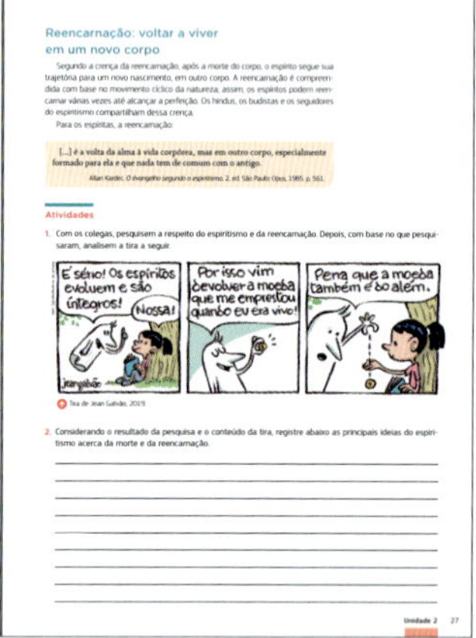

Por dentro da história

Seção que contextualiza a temática da unidade sob uma perspectiva histórica e cultural. Também conta com textos, imagens e atividades referentes ao tema principal.

Fique sabendo

Boxe que traz curiosidades sobre assuntos relacionados às diferentes religiões e oferece sugestões de livros, *sites* e vídeos por meio dos quais você pode aprofundar seus conhecimentos.

Experiências religiosas

Nesta seção, você entra em contato com diversas práticas religiosas relacionadas ao tema discutido na unidade, visando ampliar sua consciência religiosa.

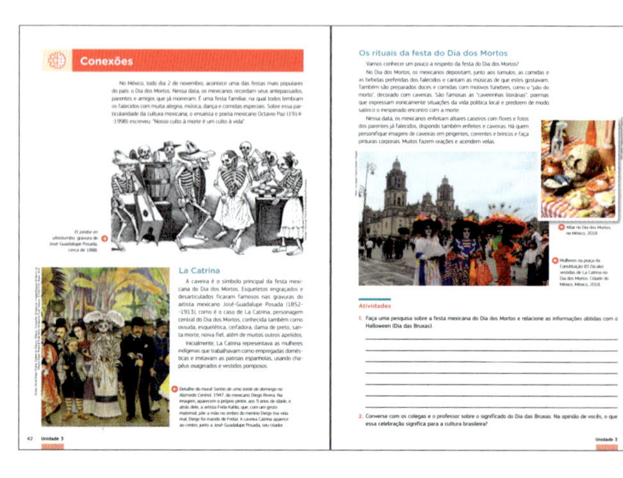

Conexões

Nesta seção, você encontra textos, reproduções de obras de arte, poesias, letras de canção e outras manifestações artísticas relacionadas às diferentes práticas religiosas e ao tema da unidade.

Atividades

As atividades propostas promovem reflexão, pesquisa e práticas que possibilitam expandir seu conhecimento sobre as diversas religiões.

Espaço de diálogo

Esta seção trabalha o diálogo inter-religioso, abordando aspectos comuns entre as diferentes matrizes religiosas. As atividades aqui sugeridas buscam valorizar o respeito à diversidade religiosa.

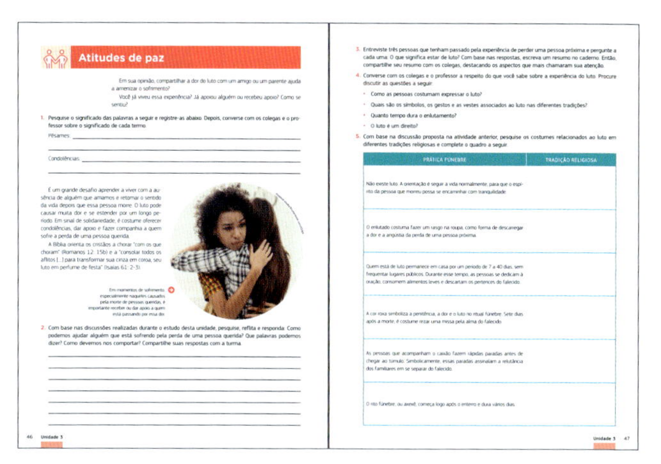

Atitudes de paz

Esta seção apresenta acontecimentos e propostas de atividades para que você coloque em prática ideias que ajudam a promover a cultura de paz.

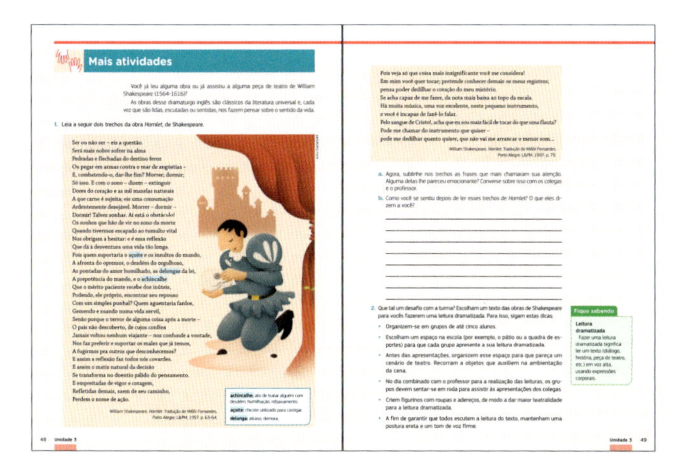

Mais atividades

As atividades indicadas nesta seção visam integrar os assuntos tratados na unidade e ampliar o compromisso com a promoção da cultura de paz.

Glossário

Boxe que apresenta definições de expressões e de palavras para enriquecer seu vocabulário.

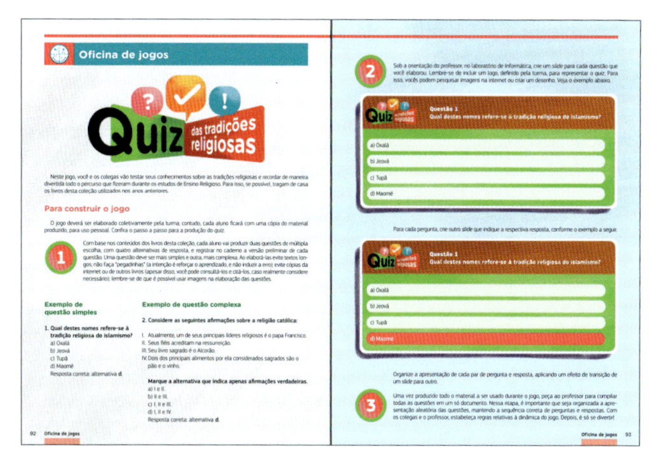

Oficina de jogos

Esta seção sugere jogos e brincadeiras que retomam de forma lúdica assuntos estudados no livro, proporcionando tanto a troca de ideias e experiências quanto o contato com situações concretas de diálogo.

Sumário

Ilustrações: Arthur Duarte/ID/BR

Ilustrações: Arthur Duarte/ID/BR

Unidade 1

Deus e o sentido da vida

Mauricio Simonetti/Tyba

- Para onde será que essas pessoas estão indo?
- Em sua opinião, o que elas pensam? O que sonham? Quem é Deus para elas?

Para começo de conversa

Todos os dias, nas mais diferentes cidades, milhares de pessoas circulam de um lugar a outro para estudar, trabalhar, passear, fazer compras e muitas outras atividades. Em geral, as pessoas desejam a felicidade e buscam se realizar naquilo que fazem.

E você? O que deseja para sua vida? Quais são os seus sonhos? E os de seus familiares? Você sabe o que eles esperam alcançar daqui a cinco anos, por exemplo?

Atividades

1. Analise a charge a seguir e, depois, converse com os colegas e o professor: O que você faria se soubesse que o mundo acabaria hoje?

Wesley Samp/Acervo do artista

Tira de Wesley Samp, 2012.

2. Agora, imagine que você está vivendo o último dia de sua vida e pretende escrever uma carta para alguém que você ama. O que você gostaria de dizer a essa pessoa? O que foi mais significativo em sua vida? Como você gostaria que os outros se lembrassem de você? Compartilhe suas respostas com o professor e a turma.

Curiosidade filosófica

Perguntas sobre nossa existência, sobre o sentido da vida e o caminho da felicidade fazem parte da experiência humana desde a Antiguidade. Na Grécia Antiga, os filósofos refletiam sobre o autoconhecimento e a ação dos deuses na vida das pessoas.

O filósofo grego Platão (cerca de 427 a.C.-347 a.C.) documentou o pensamento de Sócrates (cerca de 469 a.C.-399 a.C.), seu mestre, em diálogos, nos quais Sócrates aparece como personagem. Em alguns desses diálogos, Sócrates reflete acerca do autoconhecimento como caminho para a felicidade. Quando se despede do tribunal que o havia condenado à morte, Sócrates pronuncia suas últimas palavras:

> Bem, é chegada a hora de partirmos, eu para a morte, vós para a vida. **Quem segue melhor rumo, se eu, se vós, é segredo para todos, menos para a divindade.**
>
> Platão. *Defesa de Sócrates*. Tradução de Jaime Bruna. São Paulo: Abril, 1972. p. 30.

stefanel/Shutterstock.com/ID/BR

Estátua de Sócrates na Academia Nacional de Atenas.

- Analise o trecho destacado e interprete o sentido que essas palavras têm nos dias de hoje. Compartilhe com os colegas as suas opiniões.

Por dentro da história

Fique sabendo

O pintor espanhol Salvador Dalí (1904-1989) foi um dos artistas ligados ao Surrealismo, movimento artístico e cultural que nasceu no final dos anos 1920 e buscou incorporar à arte manifestações dos sonhos e do inconsciente, valorizando o simbólico para além da lógica racional e em prol da liberdade de criação.

Rene Saint Paul/Bridgeman Images/Easypix

Salvador Dalí. Foto de 1955.

Há manifestações de experiências religiosas vividas pelas pessoas em diversas culturas e sociedades. As mais variadas crenças são simbolizadas por meio de alimentos, festas, rituais, danças e outras celebrações. O conhecimento religioso é um bem cultural que decorre de experiências individuais e coletivas com aquilo que é transcendente, entendido como um ser supremo que muitas culturas identificam como Deus.

As experiências religiosas e os bens culturais que delas decorrem são compartilhados no espaço e no tempo de diversas sociedades.

Mas o que é o tempo? Existe um tempo sagrado?

No universo religioso, o tempo não passa, e os deuses não morrem. É no tempo sagrado que os humanos se ligam ao divino e encontram sentido para sua própria origem, bem como para a origem de todas as coisas, as quais se atualizam e passam a fazer parte da memória por meio de diferentes rituais.

Museu de Arte Moderna, Nova York. Fotografia: Bridgeman Images/Easypix. © Salvador Dalí, Fundación Gala-Salvador Dalí/ AUTVIS, Brasil, 2019.

Salvador Dalí. *A persistência da memória*, 1931. Óleo sobre tela, 24 cm × 33 cm.

Atividades

1. Registre abaixo a interpretação que você faz da seguinte frase:

> [...] para o Senhor, um dia é como mil anos e mil anos são como um dia.
>
> Segunda Carta de São Pedro 3: 8.

____

____

2. Observe a pintura *A persistência da memória*, de Salvador Dalí. Que leitura você faria dessa obra se tivesse de expressar a ideia de Deus no tempo? Compartilhe suas percepções com os colegas.

A roda da vida

Vários símbolos religiosos expressam o sentido do tempo sagrado. A imagem da chave, por exemplo, representa o caminho da felicidade segundo diferentes tradições religiosas, como o budismo e a umbanda.

No budismo tibetano, a roda da vida retrata as seis esferas em que o ser humano pode renascer e ilustra a essência dos ensinamentos budistas como caminho espiritual.

Museu de Arte Rubin, Nova York Fotografia: ID/BR

Roda da vida, 1700-1799. Pigmento mineral e ouro sobre algodão, 60 cm × 42 cm.

Atividades

1. Com o professor e os colegas, observe a reprodução da obra *Roda da vida*, prestando atenção nos diferentes círculos e nas demais divisões, bem como nas cores, nos animais e nas ilustrações. Em seguida, pesquise o significado desses elementos e busque interpretar a obra de acordo com a tradição budista. Compartilhe suas impressões com a turma.
2. Em uma folha à parte, desenhe sua própria roda da vida e exponha seu trabalho aos colegas.

Experiências religiosas

Cada pessoa tem a própria história, marcada por acontecimentos ora alegres, ora tristes, por vezes especialmente significativos. Para algumas pessoas, as experiências espirituais relacionadas ao vínculo com Deus são momentos cruciais em suas memórias de vida.

Um testemunho célebre, que integra sentido de vida e de fé em Deus, é a história de Viktor Frankl (1905-1997), um médico psiquiatra austríaco judeu e sobrevivente do holocausto. Com base em sua experiência, Frankl reflete sobre a presença ignorada de Deus, entendida como a dimensão da religiosidade no inconsciente humano.

holocausto: Massacre de milhões de judeus, de ciganos e de outras minorias pelos nazistas durante a Segunda Guerra Mundial.

Depois da experiência de sofrimento em um campo de concentração e da perda de familiares, Frankl dedicou-se a compreender a busca de sentido da vida pelo ser humano. Os resultados de seus estudos constituíram a reconhecida escola de psicoterapia chamada **logoterapia**.

Em seu livro *Em busca de sentido: um psicólogo no campo de concentração*, Frankl afirma: "Só pode sobreviver quem consegue manter um sentido para a vida; particularmente em referência a Deus". Leia a seguir mais um trecho dessa obra.

Imagno/Getty Images

Ficamos conhecendo o ser humano como talvez nenhuma geração humana antes de nós. O que é, então, um ser humano? É o ser que sempre *decide* o que ele é. É o ser que inventou as câmaras de gás; mas é também aquele ser que entrou nas câmaras de gás, ereto, com uma oração nos lábios.

Viktor Frankl. *Em busca de sentido*: um psicólogo no campo de concentração. Tradução de Walter O. Schlupp e Carlos C. Aveline. 43. ed. São Leopoldo: Sinodal; Petrópolis: Vozes, 2018. p. 112-113.

Viktor Frankl. Foto de 1994.

Atividades

1. Para você, qual é o sentido da vida?

____

____

____

2. Em sua opinião, a religiosidade é uma dimensão inerente e necessária à felicidade do ser humano? Como você percebe isso em sua vida? Registre suas considerações e compartilhe-as com os colegas.

____

____

____

____

O que podemos aprender com a experiência religiosa dos povos indígenas do Brasil?

A sabedoria dos povos indígenas é um patrimônio cultural da humanidade que deve ser valorizado e disseminado. Entre os diferentes povos indígenas do Brasil e do mundo, encontramos grande diversidade de saberes e religiosidades que expressam a relação do homem com aquilo que é transcendente, sobretudo na convivência com a natureza e suas formas de vida.

Atividades

1. Em grupo com três colegas, pesquise a respeito da religiosidade de algum povo indígena que habita ou tenha habitado a região onde você vive. Investigue especificamente a compreensão desse povo quanto à temporalidade sagrada e ao sentido da vida. Depois, copie no caderno o quadro abaixo e registre os dados obtidos.

A RELIGIOSIDADE DO POVO INDÍGENA	
Nome do povo indígena:	
Região que habita/habitou:	
Três características sobre a compreensão do tempo na religiosidade desse povo:	
O sentido dado à vida nas práticas religiosas desse povo indígena:	

2. Leia o texto a seguir e estabeleça uma relação entre as ideias nele apresentadas e os resultados da pesquisa feita por seu grupo.

A filosofia do bem viver: por uma cidadania para todos

Esses povos indígenas têm nos ensinado que, para construir o bem viver, as pessoas devem pensá-lo para todos. Isso significa dizer que é preciso combater as injustiças, os privilégios e todos os mecanismos que geram a desigualdade. [...]

Um dos grandes ensinamentos é o de saber conviver com a Mãe Terra. [...] Na visão desses povos, a terra é sagrada e capaz de fazer germinar e de acolher plantas, animais e uma infinidade de seres vivos [...].

O conceito de bem viver está na contramão de um modelo de desenvolvimento que considera a terra e a natureza apenas como insumos para a produção de mercadorias de rápido consumo e, mais rápido ainda, descarte. Assim, critica o modelo capitalista que os governos priorizam investindo em barragens, na exploração mineral, nas monoculturas que degradam o ambiente e envenenam a terra, as águas e todos os seres vivos.

Iara Bonin. O bem viver indígena e o futuro da humanidade. *Jornal Porantim*, Brasília, Conselho Indigenista Missionário, dez. 2015. Encarte Pedagógico X. (Texto adaptado pelo autor desta coleção para fins didáticos.)

3. Agora, leia este trecho da encíclica *Laudato Si'*:

[...] Se alguém observasse de fora a sociedade planetária, maravilhar-se-ia com tal comportamento que às vezes parece suicida.

Papa Francisco. *Laudato Si'*. Disponível em: <http://w2.vatican.va/content/francesco/pt/encyclicals/documents/papa-francesco_20150524_enciclica-laudato-si.html>. Acesso em: 18 jun. 2019.

- Responda oralmente: Será que, como sociedade global, temos um sentido comum para a vida? Compartilhe com a turma suas percepções e seus argumentos.

Conexões

Como já vimos, a cultura também pode expressar as experiências religiosas por meio de várias linguagens: literatura, cinema, teatro, dança, música, etc. A seguir, leia a letra da canção "Epitáfio", composta por Sérgio Britto, integrante da banda Titãs.

Abril Music/ID/BR

Capa do álbum *A melhor banda dos últimos tempos da última semana*, lançado pela banda Titãs em 2001.

Devia ter amado mais
Ter chorado mais
Ter visto o sol nascer
Devia ter arriscado mais
E até errado mais
Ter feito o que eu queria fazer

Queria ter aceitado
As pessoas como elas são
Cada um sabe a alegria
E a dor que traz no coração

O acaso vai me proteger
Enquanto eu andar distraído
O acaso vai me proteger
Enquanto eu andar

Devia ter complicado menos
Trabalhado menos
Ter visto o sol se pôr
Devia ter me importado menos
Com problemas pequenos
Ter morrido de amor

Queria ter aceitado
A vida como ela é
A cada um cabe alegrias
E a tristeza que vier

Devia ter complicado menos
Trabalhado menos
Ter visto o sol se pôr

Sérgio Britto. Epitáfio. Intérprete: Titãs. Em: *A melhor banda dos últimos tempos da última semana*. São Paulo: Abril Music, 2001. Faixa 6.

Atividades

1. Converse com os colegas sobre estas questões.
   a. Você sabe o que significa epitáfio? Por que a canção tem esse título?
   b. Que parte da letra mais chamou sua atenção? Por quê?
   c. De que forma essa letra se relaciona ao sentido da vida?
2. Procure uma música que, para você, tenha relação com o sentido da vida, a religiosidade ou Deus. Busque informações sobre o contexto de produção dessa música e registre no caderno um trecho da letra e um resumo de suas reflexões.
3. Com os colegas e o professor, organize um sarau para cantar, interpretar ou simplesmente recitar ou ouvir as músicas pesquisadas. Após as apresentações, converse com eles sobre as músicas escolhidas e de que forma elas se relacionam com o que foi estudado até agora.

Fique sabendo

O grupo paulistano Titãs atua desde 1982 e já teve diversas formações. A banda de *rock* visitou vários gêneros musicais ao longo de seus mais de trinta anos de carreira. É uma das bandas de *rock* mais bem-sucedidas no Brasil, ganhadora de um Grammy Latino, em 2009, e quatro vezes do Troféu Imprensa de Melhor Banda.

Christina Rufatto/Estadão Conteúdo

Integrantes do grupo Titãs (da esquerda para a direita): Tony Bellotto, Sérgio Britto, Beto Lee, Mario Fabre e Lee Marcucci, em 2018.

O sentido da vida na literatura e no cinema

A corrente literária chamada de **existencialista** destaca-se por apresentar autores e obras que investigam o sentido da vida e outras grandes questões da existência humana. Um dos temas de reflexão proposto por esse movimento cultural é a liberdade. Livros como *O mito de Sísifo* e *O estrangeiro*, do franco-argelino Albert Camus (1913-1960), *Demian* e *Sidarta*, do alemão Hermann Hesse (1877-1972), são exemplos de obras que destacam a importância filosófica da existência individual.

SZ Photo/Karl-Heinz Hick/JOKER/Bridgeman Images/Easypix

Estátua do escritor Hermann Hesse em Calw, Alemanha.

Atividades

1. Leia um trecho do romance *Sidarta*, de Herman Hesse, publicado em 1922, que conta passagens da experiência do escritor na Índia, em 1910. Durante a leitura, sublinhe os trechos que mais lhe chamarem a atenção. Depois, compartilhe-os com os colegas e o professor.

> – Parece-me – disse Govinda – que ainda gostas de uma pontada de ironia, amigo Sidarta. Acredito no que dizes. Sei que não seguiste nenhum mestre. Mas, supondo que não tenhas descoberto doutrina alguma pelo teu próprio esforço, não achaste pelo menos certas ideias e percepções que sejam tuas e te facilitem a existência? Se me comunicasses algo a respeito delas, alegrarias o meu coração.
>
> – Na verdade me vieram algumas ideias – respondeu Sidarta – e de quando em quando tive percepções. Ocorreu-me às vezes sentir, por uma hora e mesmo durante um dia inteiro, a presença do saber no meu íntimo, assim como sentimos o pulso da vida no nosso coração. Certamente refleti sobre muita coisa, mas seria difícil para mim transmitir-te os meus pensamentos. Olha, meu querido Govinda, entre as ideias que se me descortinaram encontra-se esta: A sabedoria não pode ser comunicada. A sabedoria que um sábio quiser transmitir sempre cheirará a tolice.
>
> – Estás brincando? – perguntou Govinda.
>
> – Não brinco, não. Digo apenas o que percebi. Os conhecimentos podem ser transmitidos, mas nunca a sabedoria. Podemos achá-la; podemos vivê-la; podemos consentir em que ela nos norteie; podemos fazer milagres através dela. Mas não nos é dado pronunciá-la e ensiná-la. Esse fato, já o vislumbrei às vezes na minha juventude. Foi ele que me afastou dos meus mestres.
>
> Hermann Hesse. *Sidarta*. 14. ed. Tradução de Herbert Caro. Rio de Janeiro: Civilização Brasileira, 1975. p. 113-114.

2. Com base nas frases sublinhadas, converse com o professor e a turma sobre estas questões.

a. O que o sentido da vida tem a ver com o dia a dia na escola?

b. Como a escola pode nos ajudar na busca do sentido da vida?

Fique sabendo

O documentário *Nunca me sonharam*, lançado em junho de 2017 e dirigido por Cacau Rhoden, discute a situação do Ensino Médio nas escolas públicas do Brasil sob o ponto de vista dos estudantes. O filme mostra os desafios que os jovens enfrentam na busca de perspectivas de um futuro melhor, que lhes permita realizar seus sonhos.

Procure assistir ao filme com os colegas. Em seguida, converse com eles sobre os trechos que mais lhes chamaram a atenção, relacionando esses trechos às experiências que vocês vivem atualmente.

Maria Farinha Filmes/ID/BR

Espaço de diálogo

Nesta unidade, refletimos a respeito do sentido da vida e conhecemos pessoas que se dedicaram a estudar esse assunto. Também vimos que esse tema está presente no cotidiano e em diferentes expressões culturais, sendo uma preocupação das religiões indicar caminhos de vida e de felicidade para seus seguidores.

Atividades

1. Com base no que foi discutido até aqui, responda às perguntas.

vikialis/iStock/Getty Images

2. Compartilhe suas respostas com os colegas e o professor. Então, responda:
   a. O sentido da vida é igual para todos? Por quê?

   ____

   ____

   ____

   b. Deus tem o mesmo significado para todas as pessoas? Por quê?

   ____

   ____

   ____

As religiões e o sentido da vida

Ao longo da história, as diversas religiões e filosofias ofereceram diferentes respostas e caminhos para a realização pessoal e a conquista da felicidade. A tradição cristã traz exemplos de homens e de mulheres que fazem da prática de seguir a Cristo o sentido de sua vida. Encontramos testemunhos marcantes nos textos de Teresa de Ávila (1515-1582), Santo Agostinho (353-430) e do apóstolo Paulo.

Antes de se converter, Paulo era conhecido pelo nome de Saulo. De família judia, Saulo estudou retórica e dominava a técnica do discurso e da escrita de cartas. Sua educação judaica, aprimorada em Jerusalém, tornou-o um erudito, rígido seguidor das leis judaicas.

Depois de uma experiência pessoal com Jesus Cristo, Saulo teve o nome mudado para Paulo e iniciou um apostolado que o levou a enfrentar muitos desafios no anúncio do evangelho, inclusive com dúvidas se o mundo do pensamento grego acolheria a fé cristã. Assim, o trabalho evangélico de Paulo caracterizou-se por respeitar as diferentes experiências humanas nas quais o cristianismo era introduzido. Na carta aos romanos, Paulo escreveu:

Ed Viggiani/Pulsar Imagens

Estátua do apóstolo Paulo, na praça da Sé, na cidade de São Paulo, 2019.

> Se for possível, no que depende de vocês, vivam em paz com todos.
>
> Romanos 12: 18.

As filosofias orientais também têm contribuído para o caminho do autoconhecimento e da plenitude da vida. Um dos mestres mais representativos dessas filosofias é Lao Tsé (604 a.C.-517 a.C.), erudito da Antiga China que se tornou conhecido por abandonar sua vida de prestígio imperial e decidir viver isolado.

A Lao Tsé é atribuída a autoria do *Tao Te Ching*, obra de filosofia espiritual que trata do caminho da virtude (o *tao* seria a "realidade última" do Universo). Inspirado na tradição oral coletiva, o *Tao Te Ching* ficou conhecido no mundo inteiro e inspirou o surgimento de diversas religiões e filosofias, como o taoísmo e o budismo de tradição chinesa e sua versão japonesa, o zen.

Leia um trecho dessa obra:

chenxueting/Shutterstock.com/ID/BR

Estátua de Lao Tsé em Quanzhou, China, 2018.

> O Homem Sagrado toma o Sinal Esquerdo e não critica as pessoas
> Por isso, quem tem Virtude se orienta pelo sinal
> Quem não tem Virtude se orienta pelo vestígio
>
> O Caminho do Céu não cria intimidade
> Mas acompanha sempre o homem bom
>
> Lao Tsé. *Tao Te Ching*. Disponível em: <http://www.dominiopublico.gov.br/download/texto/le000004.pdf>. Acesso em: 18 jun. 2019.

Sinal Esquerdo: sentido de correspondência com o lado do coração.

Atividades

- Converse com os colegas e o professor sobre os textos acima e pesquise o sentido da vida segundo uma religião diferente da sua. Depois, forme um grupo com mais três colegas para compartilhar os resultados de sua investigação.

Atitudes de paz

Um dos temas essenciais da existência humana é a busca pelo sentido da vida. É comum querermos ser felizes, realizar nossos sonhos e permanecer ao lado daqueles que amamos. No entanto, por diversos motivos, algumas pessoas deixam de achar sentido na vida e veem no suicídio uma alternativa diante de situações dolorosas e até desesperadoras.

Os casos de suicídio no Brasil vêm crescendo, especialmente entre os adolescentes, e se tornando uma preocupação para o país. Segundo o Ministério da Saúde:

> O suicídio é um fenômeno complexo, multifacetado e de múltiplas determinações, que pode afetar indivíduos de diferentes origens, classes sociais, idades, orientações sexuais e identidades de gênero. Mas o suicídio pode ser prevenido! Saber reconhecer os sinais de alerta em si mesmo ou em alguém próximo a você pode ser o primeiro e mais importante passo. Por isso, fique atento(a) a se a pessoa demonstra comportamento suicida e procure ajudá-la.
>
> Ministério da Saúde. Prevenção do suicídio: sinais para saber e agir. Disponível em: <http://portalms.saude.gov.br/saude-de-a-z/suicidio>. Acesso em: 18 jun. 2019.

Você já percebeu sinais de alerta para suicídio em alguma pessoa conhecida? Já ouviu alguém dizer uma das frases que aparecem no cartaz abaixo?

Ministério da Saúde/Governo Federal

Cartaz com frases de alerta para prevenção do suicídio, elaborado pelo Ministério da Saúde.

Pensamentos e sentimentos que indicam o desejo de acabar com a vida trazem muito sofrimento e angústia. Para superar essa condição, as pessoas precisam de ajuda e apoio. Há quem diga que não se deve falar sobre o suicídio, mas o Ministério da Saúde afirma que é necessário abordá-lo, sim. O importante é saber como e o que falar, evitando orientações equivocadas.

- Em uma roda de conversa, discuta esse assunto com os colegas e o professor. O que você sabe sobre o tema? Considera importante falar de assuntos como esse na escola e na família?

Você sabe como ajudar?

Com os colegas e o professor, leia os passos sugeridos pelo Ministério da Saúde para saber como agir na prevenção do suicídio. Converse sobre cada passo e esclareça possíveis dúvidas.

As condições em que viviam pessoas que cometeram suicídio e o consequente sofrimento de seus familiares, amigos e conhecidos motivou a criação, em 2015, da campanha **Setembro Amarelo**, uma mobilização nacional de prevenção ao suicídio; por iniciativa do Centro de Valorização da Vida (CVV), do Conselho Federal de Medicina (CFM) e da Associação Brasileira de Psiquiatria (ABP). No dia 10 de setembro, comemora-se o Dia Mundial de Prevenção ao Suicídio.

A Organização Mundial de Saúde alerta sobre os altos índices de suicídio entre os adolescentes e acredita que é preciso preveni-lo. A respeito disso, o psiquiatra Elton Kanomata, do hospital Albert Einstein, em São Paulo, afirmou em entrevista a um portal de notícia:

> Toda a parte mental deles está em desenvolvimento. A questão da resiliência e da capacidade de lidar com as frustrações podem não estar prontas [...].
>
> Ana C. Moreno; Carolina Dantas; Monique Oliveira. Suicídios de adolescentes: como entender os motivos e lidar com o fato que preocupa pais e educadores. *G1*, 24 abr. 2018. Disponível em: <https://g1.globo.com/ciencia-e-saude/noticia/suicidios-de-adolescentes-como-entender-os-motivos-e-lidar-com-o-fato-que-preocupa-pais-e-educadores.ghtml>. Acesso em: 18 jun. 2019.

1. Com os colegas e o professor, converse sobre a afirmação do psiquiatra. Em seguida, responda à questão: Como avalio minha resiliência e minha capacidade de lidar com as frustrações?
2. Agora, que tal propor uma campanha intitulada **#AcreditoNaVida**? Organize com os colegas e o professor uma ação concreta a ser realizada no ambiente escolar ou na vizinhança da escola. Vocês podem usar camisetas amarelas pintadas com frases a favor da vida e divulgar essas frases nas redes sociais, conforme os cartazes ao lado. Também é possível pintar um mural, produzir vídeos curtos ou pensar em outras ações para divulgar a campanha. As ações podem contar com o apoio de toda a escola e da pastoral local.

Ministério da Saúde/Governo Federal

4 passos para ajudar uma pessoa sob risco de suicídio

CONVERSE
Encontre um momento apropriado e um lugar calmo para conversar. Ouça a pessoa com a mente aberta e sem julgamentos. Você também pode indicar a linha sigilosa para apoio emocional 188 (gratuita em todos os estados brasileiros, calendário em www.cvv.org.br).

ACOMPANHE
Fique em contato para acompanhar como a pessoa está se sentindo e o que está fazendo.

BUSQUE AJUDA PROFISSIONAL
Incentive a pessoa a procurar ajuda profissional e ofereça-se para acompanhá-la a um atendimento em Unidades Básicas de Saúde, CAPS e serviços de emergência (SAMU 192, UPA 24h, Pronto-Socorro e hospitais).

PROTEJA
Se há perigo imediato, não a deixe sozinha e assegure-se de que a pessoa não tenha acesso a meios para provocar a própria morte (pesticidas, armas de fogo, medicamentos etc).

Cartaz com orientações para a prevenção do suicídio, elaborado pelo Ministério da Saúde.

Conselho Federal de Medicina/Governo Federal

Cartaz da Campanha Nacional de Prevenção ao Suicídio.

Ordem dos Advogados do Brasil/OAB Pernambuco

Cartaz de campanha de prevenção ao suicídio, divulgado pela Ordem dos Advogados do Brasil de Pernambuco.

Mais atividades

Eli Burakian/Dartmouth College/A

Marcelo Gleiser. Foto de 2019.

Os principais temas estudados nesta unidade foram a presença de Deus e o sentido da vida. Buscamos compreendê-los por meio da experiência das tradições religiosas, das expressões artísticas e do testemunho de vida das pessoas.

Nesta seção, vamos ampliar a reflexão a respeito desses temas por meio do relato do físico e cosmólogo brasileiro Marcelo Gleiser, o qual afirma que ciência, filosofia e espiritualidade são expressões complementares.

1. Leia os fragmentos do livro *Cartas a um jovem cientista*, de Marcelo Gleiser.

A curiosidade é o que temos de mais sagrado, é o que nos faz mudar, e, ao mudarmos, transformamos o mundo, mesmo que só um pouco. O que sabemos hoje vai ao coração do Universo, dado que somos feitos das mesmas partículas, dos mesmos átomos que existem há bilhões de anos, forjados em estrelas que já não brilham, ou que brilham apenas dentro de cada um de nós. Vivemos em um planeta mágico, oásis da vida num cosmos hostil a ela, um planeta que devemos respeitar como respeitamos a nós mesmos e os que temos ao lado, sejam pessoas, animais ou plantas. A ciência moderna nos ensina que a vida é sagrada, que o que temos aqui, agora, é sagrado. A missão de todo cientista é dividir esse conhecimento com seus colegas e alunos, com os membros da sua família e comunidade. Cada um de nós pode ser catalisador da revolução que queremos ver acontecer, ajudando a criar o mundo em que queremos viver.

Marcelo Gleiser. *Cartas a um jovem cientista*: o Universo, a vida e outras paixões. Rio de Janeiro: Alta Books, 2017. p. IX.

Após aprendermos sobre a vida de cientistas com Galileu, Kepler ou Newton, não deveria ser tão surpreendente que muitos cientistas conseguem conciliar sua fé e sua ciência. Mais do que conciliar: a ciência é um instrumento de sua fé. Para eles, sejam eles cristãos, hindus, muçulmanos, judeus ou espíritas, a ciência ajuda a compreender e a admirar a obra divina. Não sei exatamente como esses cientistas veem, por exemplo, a questão da origem do Universo, mas imagino que acreditem que essa e, dependendo do cientista, outras perguntas estejam além do que a ciência possa responder.

Marcelo Gleiser. *Cartas a um jovem cientista*: o Universo, a vida e outras paixões. Rio de Janeiro: Alta Books, 2017. p. 159.

- Sublinhe as ideias que mais chamaram sua atenção nos trechos acima. Depois, converse com os colegas e o professor sobre o seguinte questionamento de Gleiser: "Como é possível ser religioso e cientista ao mesmo tempo?". Como você responderia a esse questionamento?

____

____

____

2. Interprete a metáfora abaixo proposta por Gleiser. Depois, registre suas impressões.

> Esse é o objetivo principal da ciência, dar sentido ao desconhecido. Mas é bom lembrar que, pela sua própria natureza, a construção desse conhecimento sobre o mundo não tem fim. Quando nossa Ilha do Conhecimento cresce, as praias da nossa ignorância, que demarcam a fronteira entre o conhecido e o desconhecido, também crescem. Quanto mais sabemos, mais descobrimos o quanto não sabemos.
>
> Marcelo Gleiser. *A simples beleza do inesperado*: um filósofo natural em busca de trutas e do sentido da vida. 2. ed. Rio de Janeiro: Record. 2017. p. 72.

Arthur Duarte/ID/BR

3. Compartilhe com os colegas e o professor os resultados da pesquisa e a sua interpretação sobre a metáfora do autor.

4. Existe algum autor que você costuma ler ou algum artista cuja produção (musical, visual, teatral, etc.) você acompanha ou que é referência para você? Pense nisso e complete o quadro abaixo.

NOME DO AUTOR OU ARTISTA	
POR QUE ESSA PESSOA É UMA REFERÊNCIA PARA VOCÊ?	

a. Agora, selecione um texto do autor ou do artista escolhido e compartilhe com os colegas. Depois, converse com eles sobre o que mais chama sua atenção nessa produção.

b. Preste atenção às apresentações dos colegas e anote o nome dos artistas ou dos autores que eles mencionaram como referência e que também despertou curiosidade em você. Em seguida, pesquise mais sobre essas pessoas para ampliar seu repertório cultural.

Unidade 2

Vida após a morte

aluxum/iStock/Getty Images

- Você acredita em vida após a morte?
- Se muitos acreditam que há vida depois da morte, por que a maioria das pessoas chora quando morre alguém próximo?

Para começo de conversa

Todos nós nascemos, crescemos, envelhecemos e morremos. Mas o que será que acontece depois da morte? Muita gente diz que para tudo se dá jeito, menos para a morte. Também há quem diga que, até hoje, ninguém que tenha morrido voltou para contar o que acontece.

Você já se fez essa pergunta? Conseguiu chegar a uma conclusão?

Atividades

1. Analise a conversa entre os passarinhos. Com qual deles você mais se identifica?

Orlandeli/Acervo do artista
www.ultimaquimera.com.br

Tira de Orlandeli, 2014.

2. O que você acha que acontece depois da morte? Converse sobre isso com o professor e os colegas.

Curiosidade filosófica

A obra do filósofo alemão Friedrich Nietzsche (1844-1900) marcou profundamente o século XIX. Sua teoria destaca a ideia de que a vida é vontade de poder. Nesse sentido, o ser humano seria movido pelo desejo de alcançar uma posição mais alta na vida, e tudo o que se opõe a essa vontade de poder é niilismo, conceito que, para esse autor, remete ao declínio das crenças e das convicções. Além disso, Nietzsche discutiu sobre a morte, como se pode observar no trecho a seguir.

> Em geral, só muito depois da morte de um homem achamos incompreensível a sua ausência: no caso de homens muito grandes, às vezes somente após décadas. Quem é sincero acha geralmente, no caso de uma morte, que a ausência não é muita e que o solene orador fúnebre é um hipócrita. Apenas a necessidade mostra como um indivíduo é necessário, e o epitáfio justo é um suspiro tardio.
>
> Friedrich Nietzsche. *100 aforismos sobre o amor e a morte*. São Paulo: Penguin/Companhia das Letras, 2012.

WorldPhotos/Alamy/Fotoarena

Friedrich Nietzsche.

1. Compartilhe com os colegas e o professor o que você entendeu do trecho.
2. Faça uma pesquisa sobre o pensamento de Nietzsche e as principais ideias desse filósofo, principalmente sobre o conceito de niilismo. Converse com os colegas a respeito do que você descobriu.

Por dentro da história

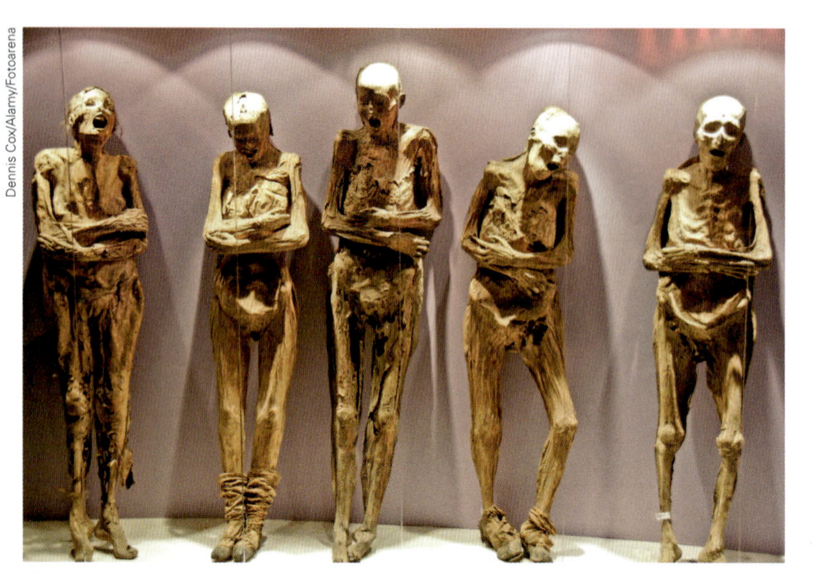
Dennis Cox/Alamy/Fotoarena

Múmias expostas no Museu das Múmias de Guanajuato, México, 2009.

A morte é uma realidade humana e, portanto, precisamos enfrentá-la com maturidade e esperança. Ao vivenciar a perda, experimentamos o luto por aqueles que morreram.

As culturas estabeleceram, ao longo do tempo, diferentes maneiras de se relacionar com a morte. Algumas delas construíram lugares específicos para enterrar seus mortos; outras criaram rituais funerários com fogueiras; também há aquelas que desenvolveram práticas de conservação dos corpos. Além desses, há diversos outros rituais, celebrações e práticas simbólicas para marcar o fim da vida.

Uma dessas práticas é a mumificação, comum no Egito Antigo, onde foram construídas grandiosas pirâmides para abrigar as múmias dos faraós. Os egípcios acreditavam que, após a morte, os corpos deviam ser preservados tal como em vida, pois, dependendo do julgamento dos deuses, o espírito poderia voltar e retomar seu corpo; para isso, aperfeiçoaram métodos de embalsamamento com a intenção de conservar os cadáveres. Na história mundial também há registros de mumificação natural como é o caso das famosas múmias de Guanajuato, no México.

Além de conhecer restos mumificados de ancestrais locais, os visitantes do Museu das Múmias de Guanajuato têm um encontro único com o mistério da morte. A coleção de múmias que compõe o acervo da instituição é um patrimônio cultural do município. Na página oficial do museu, citam-se as seguintes palavras do escritor e diplomata mexicano Octavio Paz (1914-1998), ganhador do Prêmio Nobel de Literatura de 1990:

> O homem deve se abrir para a morte se quer se abrir para a vida.
> O culto à vida é também culto à morte.
> Uma civilização que nega a morte acaba por negar a vida.
>
> Museu das Múmias de Guanajuato. Disponível em: <https://museodelasmomiasdeguanajuato.negocio.site/>. Acesso em: 24 jun. 2019. (Texto traduzido pelo autor desta coleção para fins didáticos.)

Atividades

- Como você entende o que foi expresso por Octavio Paz? Compartilhe sua resposta com os colegas e o professor.

____

____

____

Não só imperador, mas deus

Com o título de Augusto, Caio Otávio (63 a.C.-14 d.C.) foi o primeiro imperador de Roma. Ele se considerava um deus, passando a ser cultuado pelos romanos. A fim de manter a unidade imperial, Otávio Augusto e seus sucessores empreenderam violentas perseguições contra os cristãos que não cultuavam os imperadores e não seguiam as leis romanas. As perseguições aos cristãos foram intensificadas, sobretudo, no intervalo entre o governo de Nero (de 54 a 68) e o de Diocleciano (de 284 a 305).

Além disso, a sociedade romana considerava absurda a religião cristã, por ser contrária a costumes como os jogos violentos e o serviço militar. Os cristãos eram vistos como maus cidadãos e até como ateus, por não frequentarem templos nem adorarem deuses romanos.

Nessas perseguições, além de perderem seus bens, os adeptos do cristianismo eram submetidos a trabalhos forçados, levados à prisão, torturados e, em muitos casos, mortos. Os cristãos que preferiram morrer a renunciar à fé em Jesus Cristo foram chamados de **mártires**, que, em grego, significa "testemunhas".

Santo Estêvão (5 d.C.-34 d.C.), considerado o primeiro mártir da Igreja católica, fazia parte de um grupo que pregava a mensagem de Jesus Cristo e, por isso, foi detido pelas autoridades e levado ao tribunal (chamado sinédrio). Acusado de blasfêmia, Estêvão foi arrastado para fora da cidade e apedrejado. Seu corpo foi resgatado e sepultado pelos companheiros cristãos.

Galeria Nacional de Londres. Fotografia: The Picture Art Collection/Alamy/Fotoarena

Carlo Crivelli. *Santo Estêvão*, 1476. Têmpera sobre madeira, 61 cm × 40 cm.

As catacumbas

Os primeiros cristãos sepultavam seus mortos em cemitérios subterrâneos semelhantes a labirintos, chamados de catacumbas. Com o passar do tempo, as catacumbas se converteram em lugares de peregrinação e de culto, pois nelas foram enterrados muitos mártires. Na época das perseguições, algumas catacumbas serviram de refúgio e de lugar de celebração da Eucaristia. Nesses locais, também foram registradas as primeiras pinturas cristãs, feitas para ilustrar e sintetizar as experiências de fé.

Remo Casilli/Reuters/Fotoarena

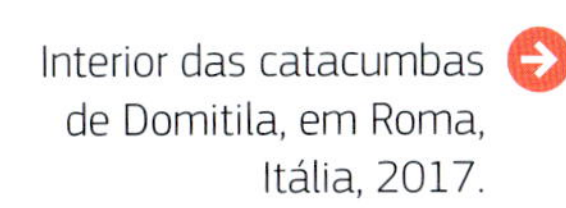
Interior das catacumbas de Domitila, em Roma, Itália, 2017.

Atividades

- Pesquise histórias de outros mártires que viveram na época das perseguições aos cristãos. Depois, converse com os colegas e o professor sobre estas questões:
  - **a.** Para os primeiros cristãos, qual era o significado de dar a vida – isto é, morrer – por Jesus Cristo?
  - **b.** Atualmente, ocorrem com outras religiões situações semelhantes às que os primeiros cristãos vivenciaram? Justifique sua resposta.

Experiências religiosas

No início desta unidade, vimos que muitas tradições religiosas buscam dar respostas para o mistério da vida após a morte. Leia, a seguir, uma lenda indígena relacionada à ancestralidade.

Contam os nossos antepassados que um índio tinha uma linda filha. Todos da aldeia gostavam dela; algumas índias ficavam com inveja. Mas é normal. Ela chamava Mandi. Tinha cabelos longos e pretos, olhos esticados, pele morena.

Então, um dia, Mandi ficou doente, seus pais ficaram preocupados sem saber o que fazer. Não conheciam o que ela tinha, mas mandaram chamar o pajé para vir vê-la. Quando chegou já era tarde. Mandi não resistiu. Todos da aldeia vieram ver e choraram por sua partida. Mas até hoje acreditam que Mandi não morreu, e está aqui, fazendo parte da nossa cultura. Por Mandi ser uma pessoa boa, que respeitava todos da aldeia, o cacique e o pajé decidiram enterrar seu corpo dentro de uma oca de religião.

Não enterraram fundo, apenas num buraco raso. Após uns dias notaram que havia no lugar do seu corpo, nascendo, uma linda planta. Deixaram a planta crescer com tempo, tiraram-na e tinha raiz (longa, casca morena, e por dentro era branca). Então o pajé e o cacique reuniram a aldeia e apresentaram a planta. E falaram:

– Aqui está a Mandi. Ela não morreu; nem quis que seu povo passasse fome, pois todos podem provar dessa raiz, que é um delicioso alimento. Foi aí que deram o nome de Mandioca, porque enterraram Mandi dentro da oca. Por isso deram o nome de Mandioca. Como eu disse, até hoje a mandioca é da nossa cultura e representa muita coisa boa para nós índios; porque é dela que fazemos cauim, farinha, beiju, tapioca, carimã, e comemos sua raiz.

Kanátyo, Poniohom e Jassanã Pataxó. A lenda da mandioca.
Em: *Cada dia é uma história*. Brasília: MEC/SEF, 2001. p. 37.

Arthur Duarte/ID/BR

Reencarnação: voltar a viver em um novo corpo

Segundo a crença da reencarnação, após a morte do corpo, o espírito segue sua trajetória para um novo nascimento, em outro corpo. A reencarnação é compreendida com base no movimento cíclico da natureza; assim, os espíritos podem reencarnar várias vezes até alcançar a perfeição. Os hindus, os budistas e os seguidores do espiritismo compartilham dessa crença.

Para os espíritas, a reencarnação:

> [...] é a volta da alma à vida corpórea, mas em outro corpo, especialmente formado para ela e que nada tem de comum com o antigo.
>
> Allan Kardec. *O evangelho segundo o espiritismo*. 2. ed. São Paulo: Opus, 1985. p. 561.

Atividades

1. Com os colegas, pesquisem a respeito do espiritismo e da reencarnação. Depois, com base no que pesquisaram, analisem a tira a seguir.

Tira de Jean Galvão, 2019.

2. Considerando o resultado da pesquisa e o conteúdo da tira, registre abaixo as principais ideias do espiritismo acerca da morte e da reencarnação.

____

____

____

____

____

____

____

____

____

Conexões

Já pensou em ter a morte como comadre? A ideia faz você tremer de medo? Leia um conto popular que trata desse tema.

Arthur Duarte/ID/BR

O compadre da morte

Diz que era uma vez um homem que tinha tantos filhos que não achava mais quem fosse seu compadre. Nascendo mais um filhinho, saiu para procurar quem o apadrinhasse e, depois de muito andar, encontrou a Morte, a quem convidou. A Morte aceitou e foi a madrinha da criança. Quando acabou o batizado, voltaram para casa e a madrinha disse ao compadre:

– Compadre! Quero fazer um presente ao meu afilhado e penso que é melhor enriquecer o pai. Você vai ser médico de hoje em diante e nunca errará no que disser. Quando for visitar um doente me verá sempre. Se eu estiver na cabeceira do enfermo, receite até água pura que ele ficará bom. Se eu estiver nos pés, não faça nada porque é um caso perdido.

O homem assim fez. Botou aviso que era médico e ficou rico do dia para a noite porque não errava. Olhava o doente e ia logo dizendo:

– Este escapa!

Ou então:

– Tratem do caixão dele!

Quem ele tratava, ficava bom. O homem nadava em dinheiro.

Vai um dia adoeceu o filho do rei e este mandou buscar o médico, oferecendo uma riqueza pela vida do príncipe. O homem foi e viu a Morte sentada nos pés da cama. Como não queria perder a fama, resolveu enganar a comadre, e mandou que os criados virassem a cama, os pés passaram para a cabeceira e a cabeceira para os pés. A Morte, muito contrariada, foi-se embora, resmungando.

O médico estava em casa um dia quando apareceu sua comadre e o convidou para visitá-la.

– Eu vou, – disse o médico – se você jurar que voltarei!

– Prometo! – disse a Morte.

Levou o homem num relâmpago até sua casa.

Tratou-o muito bem e mostrou a casa toda. O médico viu um salão cheio, cheio de velas acesas, de todos os tamanhos, uma já se apagando, outras vivas, outras esmorecendo. Perguntou o que era:

– É a vida do homem. Cada homem tem uma vela acessa. Quando a vela acaba, o homem morre.

O médico foi perguntando pela vida dos amigos e conhecidos e vendo o estado das vidas. Até que lhe palpitou perguntar pela sua. A Morte mostrou um cotoquinho no fim.

– Virgem Maria! Essa é que é a minha? Então eu estou morre-não-morre!

A Morte disse:

– Está com horas de vida e por isso eu trouxe você para aqui como amigo, mas você me fez jurar que voltaria e eu vou levá-lo para você morrer em casa.

O médico quando deu acordo de si estava na sua cama rodeado pela família. Chamou a comadre e pediu:

– Comadre, me faça o último favor. Deixe eu rezar um Padre-Nosso. Não me leves antes. Jura?

– Juro – prometeu a Morte.

O homem começou a rezar o Padre-Nosso que estás no céu... E calou-se. Vai a Morte e diz:

– Vamos, compadre, reze o resto da oração!

– Nem pense nisso, comadre! Você jurou que me dava tempo de rezar o Padre-Nosso, mas eu não expliquei quanto tempo vai durar minha reza. Vai durar anos e anos...

A Morte foi-se embora, zangada pela sabedoria do compadre.

Anos e anos depois, o médico, velhinho e engelhado, ia passeando nas suas grandes propriedades quando reparou que os animais tinham furado a cerca e estragado o jardim, cheio de flores. O homem, bem contrariado, disse:

– Só queria morrer para não ver uma miséria destas!...

Não fechou a boca e a Morte bateu em cima, carregando-o. A gente pode enganar a Morte duas vezes, mas na terceira é enganado por ela.

Luís da Câmara Cascudo (Comp.).O compadre da morte. Em: *Contos tradicionais do Brasil*. 9. ed. São Paulo: Global, 2001. p. 312-313.

Arthur Duarte/ID/BR

Atividades

1. Identifique e registre no caderno duas ideias sobre a morte apresentadas no conto. Compartilhe suas anotações com os colegas e o professor.
2. Converse com os colegas e o professor sobre a frase escrita no túmulo ilustrado na charge e seus possíveis significados.

Genildo/Acervo do artista

Charge de Genildo, 2017.

Espaço de diálogo

Para as tradições religiosas que acreditam na ressurreição, a morte é uma passagem, e todas as pessoas serão julgadas no juízo final. Uma parte delas terá a possibilidade de viver uma vida eterna.

Os fiéis das três religiões monoteístas – cristianismo, judaísmo e islamismo – creem que precisam realizar boas obras para alcançar a salvação no juízo final e evitar a punição no inferno. Entretanto, essas tradições religiosas orientam seus ritos fúnebres de maneiras específicas.

Mas o que se entende por inferno? Para os cristãos, inferno é um estado de ausência de Deus. Se a felicidade no céu é a união com Deus, o inferno é o oposto, o distanciamento do Criador. Deus não criou o inferno; de fato, este consiste em uma condição que resulta da livre escolha de se afastar do bem.

No cristianismo, a ressurreição se fundamenta na mensagem de Jesus Cristo. Segundo o Evangelho, depois de submetido à morte na cruz, Jesus ressuscitou no terceiro dia e subiu aos céus. Tal evento marca a promessa de que todos os que seguem sua palavra e nele acreditam podem ter uma vida eterna.

Philip Sharp/Alamy/Fotoarena

Tumba de Jesus Cristo, na Igreja do Santo Sepulcro, em Jerusalém, 2013.

No final dos tempos, segundo a tradição cristã, Deus vai ressuscitar os seres humanos, assim como fez com Jesus. A alma humana permanece imutável, e o corpo ressuscitado não será formado da mesma matéria que conhecemos. É por esse motivo que a Igreja católica não se opõe à cremação.

Os cristãos não acreditam na imortalidade da alma, e sim na ressurreição dos mortos. Os judeus, por sua vez, esperam a justa retribuição na outra vida e aguardam a vinda do Messias. Os muçulmanos acreditam que a eternidade é a recompensa que obterão por seguir as leis do Alcorão.

cremação: processo funerário de queima do corpo até que este vire cinzas.

O que é o Reino dos Céus?

Em vários momentos, encontramos na Bíblia expressões que remetem aos céus, como "morada, trono ou santuário de Deus". O texto bíblico também afirma que precisamos buscar as coisas do "alto" e, muitas vezes, refere-se a Deus como "Altíssimo". Além disso, as Escrituras nos convidam a buscar o Reino dos Céus ou Reino de Deus. Mas o que seria exatamente esse reino?

Agostinho (354-430), santo e doutor da Igreja católica, escreveu *Confissões*, livro em que dirige todo seu amor a Deus, considerado fonte de todo o bem e da verdade absoluta. Para Agostinho, Deus, que cuida de nós nesta vida, será nosso lugar depois da morte. Nesse livro, Agostinho afirma:

Museu de Arte do Condado de Los Angeles/LACMA. Fotografia: ID/BR

Philippe de Champaigne. *Santo Agostinho*, cerca de 1645. Óleo sobre tela, 79 cm × 62 cm.

> Fizestes-nos para Vós e o nosso coração está inquieto enquanto não descansar em Vós.
>
> Santo Agostinho. *Confissões*. Citado pelo papa Francisco em homilia de 28 ago. 2013. Disponível em: <https://w2.vatican.va/content/francesco/pt/homilies/2013/documents/papa-francesco_20130828_capitolo-sant-agostino.html>. Acesso em: 24 jun. 2019.

Teresa de Ávila (1515-1582), monja e santa, escreveu poemas que sintetizam de forma esplendorosa a mística cristã. Leia um trecho do poema "Vivo sem em mim viver".

> Vivo sem em mim viver
> e tão alta vida espero
> que morro por não morrer.
>
> Vivo já fora de mim
> depois que morro de amor,
> porque vivo no Senhor,
> que me quis só para Si:
> dei meu coração a Ti
> e pus nele o dizer
> que morro por não morrer.
> [...]
>
> Citado e traduzido por Wanderson Lima. *Desenredos*, Teresina, ano 1, n. 2, set./out. 2009. Disponível em: <http://desenredos.dominiotemporario.com/doc/02_traducao_-_teresa_davila_-_wanderson.pdf>. Acesso em: 24 jun. 2019.

Fine Art Images/Heritage Images/Getty Images

Autor desconhecido. *Santa Teresa de Ávila*, século XVII.

Textos como esse ajudam a compreender que as noções de tempo e espaço que temos nesta vida não farão sentido em outra vida. A ideia de céu é, antes de mais nada, estar junto de Deus. O próprio Jesus afirma:

> Ora, a vida eterna é esta: que eles conheçam a ti, o único Deus verdadeiro, e aquele que tu enviaste, Jesus Cristo.
>
> João 17: 3.

Atividades

1. Entreviste uma pessoa de religião cristã fazendo-lhe as perguntas a seguir. Registre as respostas no caderno.
   a. O que é, para você, o Reino dos Céus?
   b. Como você definiria a vida eterna?
2. Compartilhe com os colegas e o professor as respostas que você obteve na entrevista. Depois, responda às mesmas perguntas oralmente.

Atitudes de paz

Nesta unidade, refletimos sobre diferentes concepções de vida após a morte. Mas, de fato, o que precisamos fazer para alcançar a vida eterna?

1. Leia o texto bíblico em que se descreve o episódio conhecido como juízo final e sublinhe os trechos que mais chamam sua atenção.

Quando o Filho do Homem vier na sua glória, acompanhado de todos os anjos, então se assentará em seu trono glorioso. Todos os povos da terra serão reunidos diante dele, e ele separará uns dos outros, assim como o pastor separa as ovelhas dos cabritos. E colocará as ovelhas à sua direita, e os cabritos à sua esquerda. Então o Rei dirá aos que estiverem à sua direita: "Venham vocês, que são abençoados por meu Pai. **Recebam como herança o Reino que meu Pai lhes preparou desde a criação do mundo**. Pois eu estava com fome, e vocês me deram de comer; eu estava com sede, e me deram de beber; eu era estrangeiro, e me receberam em sua casa; eu estava sem roupa, e me vestiram; eu estava doente, e cuidaram de mim; eu estava na prisão, e vocês foram me visitar". Então os justos lhe perguntarão: "Senhor, quando foi que te vimos com fome e te demos de comer, com sede e te demos de beber? Quando foi que te vimos como estrangeiro e te recebemos em casa, e sem roupa e te vestimos? Quando foi que te vimos doente ou preso, e fomos te visitar?" Então o Rei lhes responderá: "Eu garanto a vocês: todas as vezes que vocês fizeram isso a um dos menores de meus irmãos, foi a mim que o fizeram."

Depois o Rei dirá aos que estiverem à sua esquerda: "Afastem-se de mim, malditos. Vão para o fogo eterno, preparado para o diabo e seus anjos. Porque eu estava com fome, e vocês não me deram de comer; eu estava com sede, e não me deram de beber; eu era estrangeiro, e vocês não me receberam em casa; eu estava sem roupa, e não me vestiram; eu estava doente e na prisão, e vocês não me foram visitar.". Também estes responderão: "Senhor, quando foi que te vimos com fome, ou com sede, como estrangeiro, ou sem roupa, doente ou preso, e não te servimos?". Então o Rei responderá a esses: "Eu garanto a vocês: todas as vezes que vocês não fizeram isso a um desses pequeninos, foi a mim que não o fizeram.". Portanto, estes irão para o castigo eterno, **enquanto os justos irão para a vida eterna**.

Mateus 25: 31-46.

2. Após a leitura, converse com os colegas e o professor sobre as seguintes questões:
   a. Qual é a mensagem do texto bíblico sobre o juízo final e como poderíamos defini-lo?
   b. Com base no que vimos na seção anterior, o que significam as frases destacadas?

3. Agora, que tal um desafio? Observe a pintura *O juízo final*, do artista russo Wassily Kandinsky (1866-1944). Como você a interpreta? Compartilhe sua resposta com os colegas e o professor.

Wassily Kandinsky. *O juízo final*, 1912. Pintura sobre vidro e moldura pintada, 34 cm × 45 cm.

Museu Nacional de Arte Moderna, Centro Georges Pompidou, Paris. Fotografia: ID/BR

A prática do bem e a vida após a morte

Para ter uma boa vida após a morte, é preciso praticar o bem. Essa máxima vale para todas as tradições religiosas que acreditam na ressurreição, pois, ainda que sob perspectivas distintas, todas elas anunciam a busca pela virtude humana.

Os seguidores do hinduísmo, por exemplo, acreditam na reencarnação, de cujo ciclo (*samsara*) buscam libertar-se. Para isso, procuram agir bem e de maneira justa, realizando as obrigações sociais e religiosas (darma). Segundo a lei do carma, toda ação efetuada por uma pessoa tem consequências que podem caracterizar recompensa ou castigo.

Para os hinduístas, o caminho da perfeição consiste na experiência mística de compreender que as pessoas não são nem corpo nem mente, mas, sim, uma alma perfeita e pura, idêntica ao divino.

arun sambhu mishra/Shutterstock.com/ID/BR

Praticante do hinduísmo rezando na confluência do rio Ganges com o rio Saraswati, na Índia, 2019.

No budismo, a lei do carma estabelece que todas as ações receberão o prêmio ou o castigo que merecem, seja nesta vida, seja na reencarnação seguinte. Os budistas não concebem a ideia de uma alma imortal, mas acreditam que, com base em suas ações, surge uma pessoa. Para eles, a perfeição pessoal não é motivada por um juízo divino, mas pela lei moral natural. Por isso, seguem o exemplo de Buda que, com seu esforço e sem ajuda sobrenatural, alcançou a iluminação.

No cristianismo, o Sermão da Montanha (Mateus 5: 1-10) resume os ensinamentos de Jesus a respeito do Reino divino e das transformações que o próprio Cristo produz. Nesse sermão, Jesus proclama a vontade de Deus que leva à libertação do homem: as bem-aventuranças são esse anúncio da justiça desse Reino.

chatchaiyo/Shutterstock.com/ID/BR

Jovem monge budista lendo em um templo de Bagan, em Myanmar, 2018.

bem-aventurança: felicidade suprema, glória.

- Faça uma pesquisa sobre as bem-aventuranças proclamadas por Jesus, registre-as no caderno e interprete-as com a ajuda do professor e dos colegas. Depois, imagine que Jesus proclamasse essas bem-aventuranças nos dias de hoje. A que situações você acha que ele se referiria?

Mais atividades

Vimos, nesta unidade, mártires dos primeiros tempos do cristianismo, que morreram por amar a Deus, confiando, também, no recebimento da vida eterna. Conheça agora a história de uma freira do nosso tempo que também morreu por suas convicções religiosas.

A religiosa Dorothy Mae Stang, conhecida como irmã Dorothy, nasceu nos Estados Unidos, em 1931, e trabalhou como missionária na Amazônia. Foi assassinada em 2005, no município de Anapu, no Pará, onde defendia a implantação de projetos de desenvolvimento sustentável. Dorothy dedicou mais de trinta anos de sua vida à defesa de causas ambientais e dos direitos dos trabalhadores sem-terra brasileiros.

Na missa que recordou os dez anos da morte da irmã Dorothy e sua dedicação à evangelização do povo da Amazônia, foram registrados dois testemunhos:

Carlos Silva/Estadão Conteúdo

Irmã Dorothy. Foto de 2004.

"**A morte de Irmã Dorothy Stang irrompeu com a força da ressurreição**. Sua ação, humilde e desconhecida, pequena e quase isolada, multiplicou-se por todos os cantos do Brasil, conquistando corações e mentes e ganhou as dimensões do mundo e do tempo", expressou o bispo de Balsas (MA) e presidente da Comissão Pastoral da Terra (CPT), dom Enemésio Lazzaris, sobre o assassinato da religiosa.

[...]

"Quando enterramos o corpo da Irmã Dorothy, em fevereiro de 2005, repetimos muitas vezes que 'não estamos enterrando Irmã Dorothy, mas sim, [a] estamos [...] plantando'. Ela é uma semente que vai dar muitos frutos. Queremos celebrar estes frutos e as novas sementes que estes frutos estão lançando", destaca nota no *site* da Prelazia do Xingu.

Bispos recordam 10 anos da morte da missionária irmã Dorothy Stang. CNBB, 13 fev. 2015. Disponível em: <http://www.cnbb.org.br/bispos-recordam-10-anos-da-morte-da-missionaria-irma-dortohy-stang/>. Acesso em: 24 jun. 2019.

1. Com base no que foi discutido nesta unidade, responda:

a. O que quis dizer dom Enemésio Lazzaris no trecho destacado?

____

____

____

____

b. Qual é o sentido de comparar irmã Dorothy com uma semente?

____

____

____

____

2. Quando lhe perguntaram sobre como gostaria de ser lembrado, em entrevista realizada duas semanas antes de sua morte, Paulo Freire (1921-1997), um dos grandes educadores brasileiros, afirmou:

"Eu gostaria de ser lembrado como alguém que amou o mundo, as pessoas, os bichos, as árvores, a terra, a água, a vida" [...].

Moacir Gadotti e Maria Inês Duque Estrada. Paulo Freire. *Canal Ciência*. Disponível em: <http://www.canalciencia.ibict.br/notaveis/livros/paulo_freire_36.html>. Acesso em: 24 jun. 2019.

Sergio Tomisaki/Folha Imagem

Paulo Freire. Foto de 1988. 

- E você, como gostaria de ser lembrado?

______

______

______

3. **Epitáfio**, palavra de origem grega que significa "sobre o túmulo", são as frases inscritas sobre as sepulturas nos cemitérios, com a intenção de homenagear a pessoa falecida e recordá-la pelo que desejou e realizou em vida. É interessante dizer que há quem escolha deixar seu epitáfio pronto antes de morrer. Sabendo disso, faça o que se pede a seguir.

- Pense em um artista ou em uma pessoa pública que já morreu e por quem você sentia admiração.
- Pesquise sobre essa pessoa, procurando informações a respeito das datas de nascimento e de morte, do que ela gostava de fazer, quais foram suas principais conquistas e quais eram suas virtudes.
- Agora, imagine que você foi encarregado de escrever o epitáfio dela. Escreva abaixo um texto para ela, tendo como referência o epitáfio da foto a seguir.

Mike Carrillo/Getty Images

Lápide de Frank Sinatra (1915-1998) com a seguinte inscrição: "O melhor ainda está por vir. Marido e pai amado."

______

______

______

______

Unidade

3 Ritos fúnebres

Alexandru Adrian Ionas-Salagean/Alamy/Fotoarena

- Você costuma oferecer flores? E recebê-las?
- Por que algumas pessoas levam flores ao visitar um túmulo no cemitério?

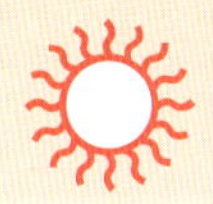

Para começo de conversa

Você já participou de algum velório? Como foi essa experiência?

Em velórios, familiares e amigos se reúnem para velar a pessoa que morreu, até o momento do sepultamento. Essa é uma ocasião em que todos ficam sensibilizados e, por isso, é comum que chorem e lembrem fatos da vida do falecido.

Após o sepultamento, aqueles que conviviam com o falecido ficam de luto e, em geral, passam a ir ao cemitério visitar seu túmulo.

Atividades

- Leia o quadrinho e, depois, responda: O que a personagem quis dizer?

Mauricio de Sousa Editora Ltda.

Quadrinho da Turma do Penadinho, de Mauricio de Sousa.

Curiosidade filosófica

O filósofo francês Michel Foucault (1926-1984) escreveu sobre as transformações pelas quais passaram os cemitérios ao longo da história. A respeito das características dos cemitérios nas civilizações modernas, ele destaca:

> [...] Esse cemitério, que se alojava no espaço sagrado da igreja, adquiriu nas civilizações modernas um aspecto totalmente diverso; e, curiosamente, foi na época em que a civilização se tornou, como se diz muito grosseiramente, "ateia" que a cultura ocidental inaugurou o que se denomina de culto dos mortos.
>
> [...] a partir do momento em que não mais se tem tanta certeza de se possuir uma alma, de que o corpo ressuscitará, seja talvez necessário dar muito mais atenção a esses restos mortais, que são, afinal, o único traço de nossa existência no mundo e nas palavras.
>
> Michel Foucault. De espaços outros. Tradução de Ana Cristina Arantes Nasser. *Estudos Avançados*, v. 27, n. 79, 2013. Disponível em: <http://www.scielo.br/scielo.php?script=sci_arttext&pid=S0103-40142013000300008>. Acesso em: 15 maio 2019.

Bettmann Archive/Getty Images

Michel Foucault. Foto de 1979.

- Converse com os colegas e o professor sobre as ideias de Foucault e o significado dos cemitérios para a sociedade atual.

Por dentro da história

Os rituais funerários são celebrados para dar algum encaminhamento ao corpo e à alma da pessoa que morreu e também para oferecer consolo a seus familiares e amigos. Algumas dessas práticas são muito antigas e expressam a noção de que a morte é condição para passar da vida terrena para outra vida.

Em diferentes tradições, o corpo é preparado de modo a garantir que a pessoa reencontre os antepassados, alcance a imortalidade ou experimente um novo nascimento, para a vida em outra dimensão ou para o descanso da alma. Em todas as tradições e culturas há crenças e práticas ligadas à morte.

A cremação

éter: no hinduísmo, representa o espaço, a amplitude, a expansão.

Segundo a tradição hinduísta, a morte acontece quando se apaga um dos elementos que constituem o indivíduo: fogo, água, ar, terra e éter. O corpo deve ser purificado para libertar a alma, que, assim, pode continuar seu caminho.

Nessa tradição, o corpo é coberto com um sudário ou mortalha de cor específica, conforme o gênero ou estado civil. Para homens e viúvas, a mortalha deve ser branca; para mulheres solteiras ou casadas, amarela. Enfeitado com coroas de flores, o corpo é transportado por homens em um tipo de maca, enquanto se entoam orações.

Em seguida, o corpo é submerso em um rio para ser purificado e logo colocado sobre uma pira, onde é cremado (incinerado). Com duração de três a quatro horas, essa etapa do ritual é acompanhada unicamente por homens. Por fim, as cinzas são lançadas nas águas do rio.

É importante destacar que as mulheres grávidas, as crianças e os *sadhus* não são incinerados, pois os hindus consideram que essas pessoas não precisam de purificação. Em vez disso, o corpo deles é enterrado ou lançado ao rio, amarrado a uma pedra.

Kaveh Kazemi/Getty Images

O rio Ganges é sagrado para os hinduístas. Por isso, eles desejam que suas cinzas sejam lançadas preferencialmente nesse rio, como uma homenagem a seus ancestrais. Na cidade de Varanasi, é comum ver às margens do rio madeiras e troncos de árvore empilhados para serem utilizados nos rituais de cremação. Na foto, ritual fúnebre hinduísta em Varanasi, Índia, 2018.

Memória dos mortos entre os indígenas

Os povos indígenas reverenciam as forças da natureza e os espíritos de seus antepassados. Para expressar suas crenças, os diversos povos realizam diferentes rituais fúnebres.

No Brasil, os povos indígenas da região do Xingu, no Mato Grosso, festejam a memória de seus antepassados no ritual do Kuarup. Trata-se de uma festa simbólica, na qual se reforçam os ensinamentos da tradição.

Luciola Zvarick/Pulsar Imagens

Tronco de madeira sendo pintado e ornamentado para cerimônia de homenagem aos mortos na aldeia Waurá, no Parque Indígena do Xingu, Mato Grosso, 2016.

O Kuarup ocorre sempre um ano após a morte dos parentes indígenas. Os troncos de madeira representam cada homenageado. Eles são colocados no centro do pátio da aldeia, ornamentados, como ponto principal de todo o ritual. Em torno deles, a família faz uma homenagem aos mortos. Passam a noite toda acordados, chorando e rezando pelos seus familiares que se foram. E é assim, com rezas e muito choro, que se despedem, pela última vez.

De acordo com a tradição, os convidados que vêm de outras comunidades e acampam nas proximidades da aldeia [...] recebem, das famílias que estão de luto, presentes como peixe e beiju. [...]

Kuarup: o ritual fúnebre que expressa a riqueza cultural do Xingu. Fundação Nacional do Índio (Funai). Disponível em: <http://www.funai.gov.br/index.php/comunicacao/noticias/4990-kuarup-o-ritual-funebre-que-expressa-a-riqueza-cultural-do-xingu?limitstart=0>. Acesso em: 16 maio 2019.

Atividades

1. Pesquise as características do ritual do Kuarup e compartilhe com os colegas os resultados obtidos.
2. Em grupo com mais três colegas, faça uma pesquisa sobre os rituais fúnebres de outros povos indígenas brasileiros. Depois, escolha um desses rituais e apresente-o para a turma.

Experiências religiosas

Na tradição islâmica, os muçulmanos são encorajados a lembrar a morte mesmo durante a vida, pois consideram que a morte está sempre presente e que faz parte da existência de todos. Os ensinamentos do islã recomendam tratar com gentileza, respeito e cuidado tanto os mortos quanto os que estão morrendo.

Naseer Ahmed/Reuters/Fotoarena

Muçulmanos durante ritual fúnebre em Baluchistão, Paquistão, 2014.

Atividades

1. Leia o texto a seguir sobre o ritual fúnebre dos muçulmanos, sublinhe os trechos que mais chamarem sua atenção e compartilhe-os com a turma.

> As tradições fúnebres no Islão são marcadas pela simplicidade e [pela] austeridade. Segundo as regras religiosas, que são muito parecidas com as judaicas, o corpo deve ser sepultado dentro de 24 horas após a morte.
>
> Esta prática deixa apenas tempo para um pequeno velório e a lavagem cerimonial do corpo. Os homens tratam da lavagem do corpo dos homens, e as mulheres das mulheres, sendo que qualquer pessoa pode participar. A lavagem espelha as abluções que se fazem antes das orações, simbolizando a purificação e preparação para entrar no paraíso.
>
> Sempre com o maior respeito o cadáver é despido e coberto com um lençol branco. A exceção é para os casos de martírio, uma vez que um mártir deve ser sepultado com as roupas com que estava vestido na altura da morte.
>
> Não são usados caixões na tradição islâmica, e o corpo é enterrado embrulhado numa simples mortalha, sempre virado para Meca. Em locais onde, por costume local, é necessário usar um caixão este deve ser o mais simples possível.
>
> Filipe d'Avillez. As religiões e a morte: Islão. Secretariado Nacional da Pastoral da Cultura, 22 nov. 2010. Disponível em: <https://www.snpcultura.org/vol_rituais_funebres_islao.html>. Acesso em: 16 maio 2019.

ablução: purificação por meio da água.

2. Com a ajuda de seus familiares, descreva as características do ritual fúnebre da tradição de sua família ou de sua religião. Depois, no espaço abaixo, sintetize as informações e represente-as usando a ferramenta pensamento visual.

Fique sabendo

Você se lembra do pensamento visual, recurso que usamos em anos anteriores? Essa ferramenta é composta de diversas técnicas que possibilitam representar ideias por meio de palavras e de símbolos. Trata-se de um tipo de diagrama com elementos textuais e gráficos destinados a comunicar ideias, noções e conceitos com rabiscos e desenhos simples, que qualquer pessoa pode fazer. Observe o exemplo a seguir:

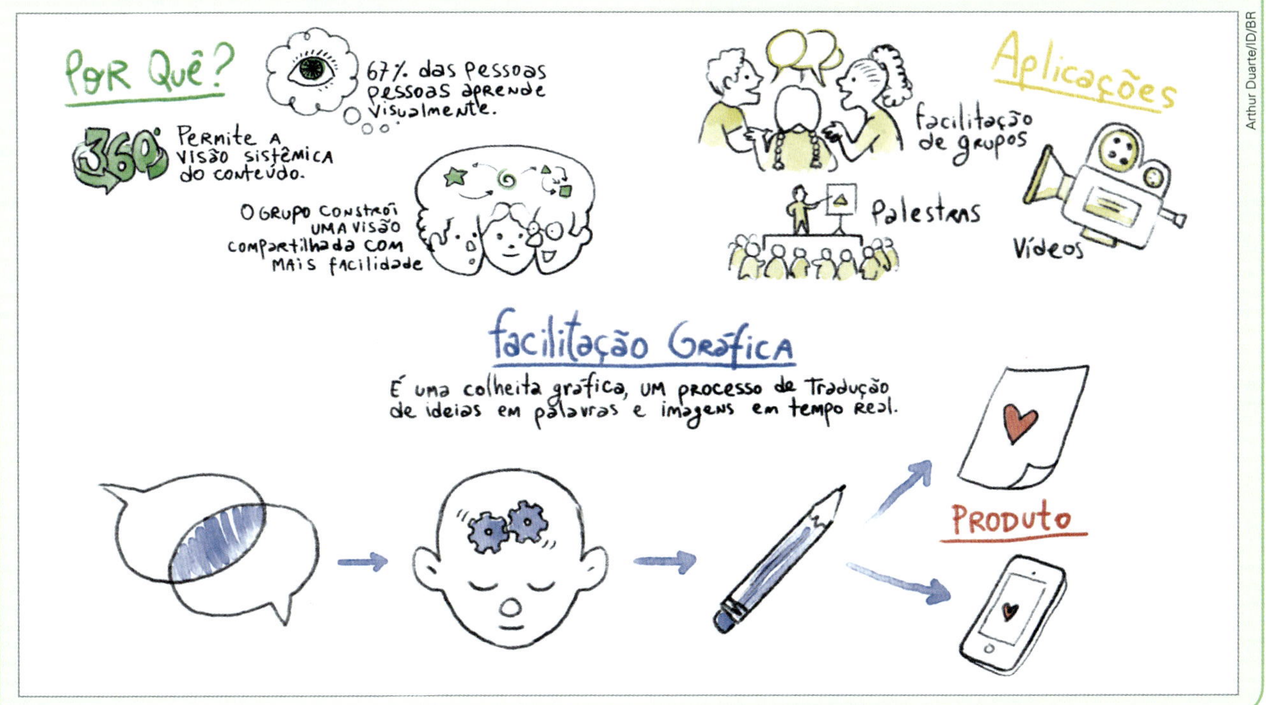

Arthur Duarte/ID/BR

Conexões

No México, todo dia 2 de novembro, acontece uma das festas mais populares do país: o Dia dos Mortos. Nessa data, os mexicanos recordam seus antepassados, parentes e amigos que já morreram. É uma festa familiar, na qual todos lembram os falecidos com muita alegria, música, dança e comidas especiais. Sobre essa particularidade da cultura mexicana, o ensaísta e poeta mexicano Octavio Paz (1914-1998) escreveu: "Nosso culto à morte é um culto à vida".

El jarabe en ultratumba, gravura de José-Guadalupe Posada, cerca de 1888. 

Granger Historical Picture Archive/Alamy/Fotoarena

Museu Mural Diego Rivera, Cidade do México, México. Fotografia: Bridgeman Images/Easypix © Banco de Mexico Diego Rivera & Frida Kahlo Museums Trust, Mexico, D.F./AUTVIS, Brasil, 2019.

La Catrina

A caveira é o símbolo principal da festa mexicana do Dia dos Mortos. Esqueletos engraçados e desarticulados ficaram famosos nas gravuras do artista mexicano José-Guadalupe Posada (1852-1913), como é o caso de La Catrina, personagem central do Dia dos Mortos, conhecida também como ossuda, esquelética, ceifadora, dama de preto, santa morte, noiva fiel, além de muitos outros apelidos.

Inicialmente, La Catrina representava as mulheres indígenas que trabalhavam como empregadas domésticas e imitavam as patroas espanholas, usando chapéus exagerados e vestidos pomposos.

Detalhe do mural *Sonho de uma tarde de domingo na Alameda Central*, 1947, do mexicano Diego Rivera. Na imagem, aparecem o próprio pintor, aos 9 anos de idade, e, atrás dele, a artista Frida Kahlo, que, com um gesto maternal, põe a mão no ombro do menino Diego (na vida real, Diego foi marido de Frida). A caveira Catrina aparece ao centro, junto a José-Guadalupe Posada, seu criador.

Os rituais da festa do Dia dos Mortos

Vamos conhecer um pouco a respeito da festa do Dia dos Mortos?

No Dia dos Mortos, os mexicanos depositam, junto aos túmulos, as comidas e as bebidas preferidas dos falecidos e cantam as músicas de que estes gostavam. Também são preparados doces e comidas com motivos fúnebres, como o "pão do morto", decorado com caveiras. São famosas as "caveirinhas literárias", poemas que expressam ironicamente situações da vida política local e predizem de modo satírico o inesperado encontro com a morte.

Nessa data, os mexicanos enfeitam altares caseiros com flores e fotos dos parentes já falecidos, dispondo também enfeites e caveiras. Há quem personifique imagens de caveiras em pingentes, correntes e brincos e faça pinturas corporais. Muitos fazem orações e acendem velas.

AGCuesta Images/Alamy/Fotoarena

Altar no Dia dos Mortos, no México, 2018.

Pedro Gonzalez Castillo/Getty Images

Mulheres na praça da Constituição (El Zócalo) vestidas de La Catrina no Dia dos Mortos. Cidade do México, México, 2018.

Atividades

1. Faça uma pesquisa sobre a festa mexicana do Dia dos Mortos e relacione as informações obtidas com o Halloween (Dia das Bruxas).

____

____

____

____

____

____

____

2. Converse com os colegas e o professor sobre o significado do Dia das Bruxas. Na opinião de vocês, o que essa celebração significa para a cultura brasileira?

Espaço de diálogo

Em 1º de novembro, a Igreja católica celebra o dia de Todos os Santos, uma festa antiga, instituída na Antioquia (atual Antáquia, na Turquia) no século IV. Nesse dia, a Igreja rememora os santos canonizados e todas as pessoas que viveram de acordo com os ensinamentos do Evangelho. Para o catolicismo, todos somos chamados a ser santos.

Segundo dom Manuel João Francisco, bispo de Cornélio Procópio, no Paraná:

> [Na Igreja católica], as celebrações, além de ser culto a Deus e aos seus santos, têm também uma motivação pedagógica. Deus contemplado em seus mistérios e a vida dos santos celebrados na liturgia motivam-nos a viver com mais intensidade nossa vocação.
>
> "Para um cristão, não é possível imaginar a própria missão na terra, sem a conceber como um caminho de santidade, porque 'a vontade de Deus é que sejamos santos' (1Ts 4,3)".
>
> O Papa Francisco no mês de março [...] de 2018 escreveu uma "Exortação Apostólica" a fim de "fazer ressoar mais uma vez a chamada à santidade, procurando encarná-la no contexto atual, com seus riscos, desafios e oportunidades, porque o Senhor escolheu cada um de nós 'para sermos santos e íntegros diante dele no amor' (Ef 1,4)". Lembra-nos o Papa que Deus "quer-nos santos e espera que não nos resignemos com uma vida medíocre, superficial e indecisa".
>
> Dom Manoel João Francisco. Solenidade de Todos os Santos. *CNBB*, 1º nov. 2018. Disponível em: <http://www.cnbb.org.br/solenidade-de-todos-os-santos/>. Acesso em: 24 jun. 2019.

Tatagatta/Shutterstock.com/ID/BR

Pessoa colocando flores em tumba em cemitério.

A devoção aos santos, expressada de várias maneiras pelos católicos, muitas vezes manifesta o desejo de alcançar a santidade. Os santos são exemplos de vida e podem interceder por nós enquanto peregrinamos com a esperança de chegar à presença divina.

No dia 2 de novembro, os católicos comemoram o Dia de Finados. Nessa data, a Igreja celebra a memória dos fiéis que já morreram e anuncia a vida eterna aos que acreditam na ressurreição de Jesus Cristo.

> Jesus disse: "Eu sou a ressurreição e a vida. Quem acredita em mim, mesmo que morra, viverá. E todo aquele que vive e acredita em mim, não morrerá para sempre. [...]"
>
> João 11: 25-26.

No Dia de Finados, os católicos lembram os mortos e pedem a Deus que lhes dê o repouso eterno.

Atividades

1. Pesquise o significado religioso de visitar cemitérios. Registre no caderno o que você descobriu.
2. Entreviste um adulto que tenha o costume ir ao cemitério. Pergunte: Que sentido tem para você visitar parentes falecidos? Você costuma levar flores? Por quê? Registre as respostas no caderno e compare-as com as informações que você obteve na pesquisa. Depois, compartilhe suas conclusões com os colegas.

O cemitério judaico

Você sabia que os judeus costumam deixar pequenas pedras sobre as lápides de seus entes queridos? Esse gesto simboliza o desejo de manter viva a memória do falecido e exemplifica a riqueza de representações que constituem o ritual funerário dessa tradição religiosa. Leia o texto a seguir para entender esse ritual.

ChameleonsEye/Shutterstock.com/ID/BR

Pedras sobre tumbas em cemitério judaico em Jerusalém, Israel. Foto de 2015.

Por que se coloca uma pedra tumular?

O costume de colocar uma pedra tumular (*matzeivá*, em hebraico) remonta aos tempos dos nossos patriarcas. É um ato de respeito pelo falecido. Marcando visivelmente o local do sepultamento, asseguramos que os mortos não serão esquecidos, e sua sepultura não será profanada.

A pedra tumular pode ser colocada a partir do término da *Shivá* [período de sete dias de luto, contados a partir da data do enterro]. O mais comum, entretanto, é esperar decorrer um ano para inaugurar a *matzeivá*. Isto porque uma das funções básicas da pedra tumular é manter viva a memória do falecido. E, de acordo com o Talmud, "a memória dos mortos torna-se menos intensa após doze meses".

A tradição judaica recomenda que a lápide seja simples, sem nenhuma ostentação. Simbolicamente, porque a morte é o grande nivelador. Se havia diferenças em vida, elas são eliminadas na morte. Não há ricos nem pobres. Somos todos iguais porque nosso destino final é o mesmo.

Associação Religiosa Israelita Chevra Kadisha do Rio de Janeiro. Regras do luto. Disponível em: <http://www.chevrakadisha.com.br/regras-do-luto/>. Acesso em: 16 maio 2019.

Atividades

1. Com mais dois colegas, pesquise a respeito do ritual funerário judaico e responda às questões a seguir.
   a. Por que se colocam velas acesas ao lado do corpo?
   b. Quanto tempo após a morte o corpo deve ser sepultado?
   c. Por que o corpo é envolvido em uma mortalha branca simples?
   d. Por que os parentes mais próximos são os primeiros a jogar terra sobre o caixão?
   e. Por que não há flores nem caixões ornamentados?
   f. Por que os judeus lavam as mãos ao sair do cemitério?
   g. O que é *kadish*?
   h. A lei judaica permite a cremação?
2. Registre no caderno o resultado da pesquisa. Em seguida, converse com os colegas sobre as características do ritual funerário judaico.

Atitudes de paz

Em sua opinião, compartilhar a dor do luto com um amigo ou um parente ajuda a amenizar o sofrimento?

Você já viveu essa experiência? Já apoiou alguém ou recebeu apoio? Como se sentiu?

1. Pesquise o significado das palavras a seguir e registre-as abaixo. Depois, converse com os colegas e o professor sobre o significado de cada termo.

Pêsames: ____

____

Condolências: ____

____

É um grande desafio aprender a viver com a ausência de alguém que amamos e retomar o sentido da vida depois que essa pessoa morre. O luto pode causar muita dor e se estender por um longo período. Em sinal de solidariedade, é costume oferecer condolências, dar apoio e fazer companhia a quem sofre a perda de uma pessoa querida.

A Bíblia orienta os cristãos a chorar "com os que choram" (Romanos 12: 15b) e a "consolar todos os aflitos [...] para transformar sua cinza em coroa, seu luto em perfume de festa" (Isaías 61: 2-3).

Prostock-studio/Shutterstock.com/ID/BR

Em momentos de sofrimento, especialmente naqueles causados pela morte de pessoas queridas, é importante receber ou dar apoio a quem está passando por essa dor.

2. Com base nas discussões realizadas durante o estudo desta unidade, pesquise, reflita e responda: Como podemos ajudar alguém que está sofrendo pela perda de uma pessoa querida? Que palavras podemos dizer? Como devemos nos comportar? Compartilhe suas respostas com a turma.

____

____

____

____

____

____

____

3. Entreviste três pessoas que tenham passado pela experiência de perder uma pessoa próxima e pergunte a cada uma: O que significa estar de luto? Com base nas respostas, escreva um resumo no caderno. Então, compartilhe seu resumo com os colegas, destacando os aspectos que mais chamaram sua atenção.

4. Converse com os colegas e o professor a respeito do que você sabe sobre a experiência do luto. Procure discutir as questões a seguir:

   - Como as pessoas costumam expressar o luto?
   - Quais são os símbolos, os gestos e as vestes associados ao luto nas diferentes tradições?
   - Quanto tempo dura o enlutamento?
   - O luto é um direito?

5. Com base na discussão proposta na atividade anterior, pesquise os costumes relacionados ao luto em diferentes tradições religiosas e complete o quadro a seguir.

PRÁTICA FÚNEBRE	TRADIÇÃO RELIGIOSA
Não existe luto. A orientação é seguir a vida normalmente, para que o espírito da pessoa que morreu possa se encaminhar com tranquilidade.	
O enlutado costuma fazer um rasgo na roupa, como forma de descarregar a dor e a angústia da perda de uma pessoa próxima.	
Quem está de luto permanece em casa por um período de 7 a 40 dias, sem frequentar lugares públicos. Durante esse tempo, as pessoas se dedicam à oração, consomem alimentos leves e descartam os pertences do falecido.	
A cor roxa simboliza a penitência, a dor e o luto no ritual fúnebre. Sete dias após a morte, é costume rezar uma missa pela alma do falecido.	
As pessoas que acompanham o caixão fazem rápidas paradas antes de chegar ao túmulo. Simbolicamente, essas paradas assinalam a relutância dos familiares em se separar do falecido.	
O rito fúnebre, ou axexê, começa logo após o enterro e dura vários dias.	

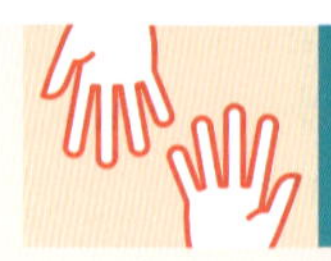

Mais atividades

Você já leu alguma obra ou já assistiu a alguma peça de teatro de William Shakespeare (1564-1616)?

As obras desse dramaturgo inglês são clássicos da literatura universal e, cada vez que são lidas, escutadas ou sentidas, nos fazem pensar sobre o sentido da vida.

1. Leia a seguir dois trechos da obra *Hamlet*, de Shakespeare.

Arthur Duarte/ID/BR

Ser ou não ser – eis a questão.
Será mais nobre sofrer na alma
Pedradas e flechadas do destino feroz
Ou pegar em armas contra o mar de angústias –
E, combatendo-o, dar-lhe fim? Morrer; dormir;
Só isso. E com o sono – dizem – extinguir
Dores do coração e as mil mazelas naturais
A que carne é sujeita; eis uma consumação
Ardentemente desejável. Morrer – dormir –
Dormir! Talvez sonhar. Aí está o obstáculo!
Os sonhos que hão de vir no sono da morte
Quando tivermos escapado ao tumulto vital
Nos obrigam a hesitar: e é essa reflexão
Que dá à desventura uma vida tão longa.
Pois quem suportaria o açoite e os insultos do mundo,
A afronta do opressor, o desdém do orgulhoso,
As pontadas do amor humilhado, as delongas da lei,
A prepotência do mando, e o achincalhe
Que o mérito paciente recebe dos inúteis,
Podendo, ele próprio, encontrar seu repouso
Com um simples punhal? Quem aguentaria fardos,
Gemendo e suando numa vida servil,
Senão porque o terror de alguma coisa após a morte –
O país não descoberto, de cujos confins
Jamais voltou nenhum viajante – nos confunde a vontade,
Nos faz preferir e suportar os males que já temos,
A fugirmos pra outros que desconhecemos?
E assim a reflexão faz todos nós covardes.
E assim o matiz natural da decisão
Se transforma no doentio pálido do pensamento.
E empreitadas de vigor e coragem,
Refletidas demais, saem de seu caminho,
Perdem o nome de ação.

William Shakespeare. *Hamlet*. Tradução de Millôr Fernandes. Porto Alegre: L&PM, 1997. p. 63-64.

achincalhe: ato de tratar alguém com desdém; humilhação; rebaixamento.

açoite: chicote utilizado para castigar.

delonga: atraso, demora.

Pois veja só que coisa mais insignificante você me considera!
Em mim você quer tocar; pretende conhecer demais os meus registros;
pensa poder dedilhar o coração do meu mistério.
Se acha capaz de me fazer, da nota mais baixa ao topo da escala.
Há muita música, uma voz excelente, neste pequeno instrumento,
e você é incapaz de fazê-lo falar.
Pelo sangue de Cristo!, acha que eu sou mais fácil de tocar do que uma flauta?
Pode me chamar do instrumento que quiser –
pode me dedilhar quanto quiser, que não vai me arrancar o menor som...

William Shakespeare. *Hamlet*. Tradução de Millôr Fernandes.
Porto Alegre: L&PM, 1997. p. 79.

a. Agora, sublinhe nos trechos as frases que mais chamaram sua atenção. Alguma delas lhe pareceu emocionante? Converse sobre isso com os colegas e o professor.

b. Como você se sentiu depois de ler esses trechos de *Hamlet*? O que eles dizem a você?

____

____

____

____

____

____

____

____

2. Que tal um desafio com a turma? Escolham um texto das obras de Shakespeare para vocês fazerem uma leitura dramatizada. Para isso, sigam estas dicas:

- Organizem-se em grupos de até cinco alunos.
- Escolham um espaço na escola (por exemplo, o pátio ou a quadra de esportes) para que cada grupo apresente a sua leitura dramatizada.
- Antes das apresentações, organizem esse espaço para que pareça um cenário de teatro. Recorram a objetos que auxiliem na ambientação da cena.
- No dia combinado com o professor para a realização das leituras, os grupos devem sentar-se em roda para assistir às apresentações dos colegas.
- Criem figurinos com roupas e adereços, de modo a dar maior teatralidade para a leitura dramatizada.
- A fim de garantir que todos escutem a leitura do texto, mantenham uma postura ereta e um tom de voz firme.

Fique sabendo

Leitura dramatizada

Fazer uma leitura dramatizada significa ler um texto (diálogo, história, peça de teatro, etc.) em voz alta, usando expressões corporais.

Unidade 4

A dignidade humana

- Você sabe em que língua o texto do cartaz foi escrito e o que ele diz?
- Você já leu ou ouviu esse texto? Sabe do que ele trata?
- O que você entende por dignidade humana?

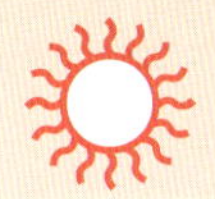

Para começo de conversa

A foto de abertura da unidade é de um dos cartazes feitos pelo artista brasileiro Otávio Roth (1952-1993) para ilustrar os trinta artigos da Declaração Universal dos Direitos Humanos. Esse documento foi aprovado pela Assembleia Geral da Organização das Nações Unidas (ONU) em 1948 e, atualmente, mais de 190 países são signatários. O documento propõe o combate a todo tipo de discriminação e estabelece normas para garantir a igualdade e a dignidade do ser humano. Leia a seguir o artigo I da Declaração, cujo texto corresponde ao do cartaz da página anterior.

> Todos os seres humanos nascem livres e iguais em dignidade e direitos. São dotados de razão e consciência e devem agir em relação uns aos outros com espírito de fraternidade.
>
> ONU. Declaração Universal dos Direitos Humanos. Disponível em: <https://nacoesunidas.org/wp-content/uploads/2018/10/DUDH.pdf>. Acesso em: 18 jun. 2019.

Atividades

1. Pesquise como o Brasil trata dos direitos humanos na Constituição de 1988. Depois, converse com o professor e os colegas sobre a importância do respeito à dignidade da pessoa humana.
2. Analise a charge. Depois, relacione-a com o que foi conversado na atividade anterior e registre as conclusões no caderno.

Emanoel Amaral/Acervo do artista

Charge de Emanoel Amaral.

Curiosidade filosófica

Em 1785, o filósofo alemão Immanuel Kant (1724-1804) publicou a obra *Fundamentação da metafísica dos costumes*, que discute a vontade e a moral humanas. Nessa obra, o autor apresenta um princípio objetivo, que ele considera um imperativo prático para a vida humana:

> Age de tal maneira que uses a humanidade, tanto na tua pessoa como na pessoa de qualquer outro, sempre e simultaneamente como fim e nunca simplesmente como meio.
>
> Immanuel Kant. *Fundamentação da metafísica dos costumes*. Lisboa: Edições 70, 2004. p. 69.

Museu Nacional Schiller, Marbach, Alemanha. Fotografia: Bridgeman Images/Easypix

Immanuel Kant.

- Interprete o texto e discuta com os colegas as questões a seguir.
  - **a.** O que significa usar a humanidade como fim e nunca como meio?
  - **b.** Dê exemplos que representem a afirmação de Kant e as consequências de colocá-la em ação.

Por dentro da história

Você conhece a história da Declaração Universal dos Direitos Humanos? Sabe o que levou à elaboração desse documento?

Granger/Bridgeman Images/Easypix

Eleanor Roosevelt (1884--1962), primeira-dama dos Estados Unidos no período de 1933 a 1945, em foto histórica na qual segura a Declaração Universal dos Direitos Humanos, em 1949.

Atividades

1. Em grupo com três colegas, faça uma pesquisa para compreender o processo histórico que levou à proposição e à publicação da Declaração Universal dos Direitos Humanos. Registre a seguir as informações obtidas.

____

____

____

____

____

____

____

____

2. Converse com a turma sobre as informações pesquisadas. Em seguida, identifique os trinta direitos fundamentais descritos na Declaração Universal dos Direitos Humanos e, em uma folha à parte, crie símbolos de cada um deles.

O caminho dos direitos humanos

Em novembro de 2018, foi inaugurado em Brasília, no Distrito Federal, um grande painel de azulejos intitulado *O caminho dos direitos humanos*. Essa obra, elaborada com a participação de alunos de escolas da região, fez parte das comemorações dos 70 anos da Declaração Universal dos Direitos Humanos.

Leia a seguir o que diz Michelle Bachelet (1951-), alta-comissária da ONU, em uma entrevista sobre os 70 anos da Declaração Universal dos Direitos Humanos.

Ministério da Mulher, da Família e dos Direitos Humanos/Governo Federal

Visitantes observando o painel *O caminho dos direitos humanos*, em Brasília (DF), 2018.

UN News: Este ano é o aniversário de 70 anos da Declaração Universal dos Direitos Humanos. Quais progressos foram alcançados nos últimos 70 anos?

Michelle Bachelet: Houve muito progresso, mas é difícil de acreditar – cada vez que você liga a televisão, vê coisas horríveis. Isso também é verdade, mas também houve progresso.

Pense em 1948 – quantos países permitiam que as mulheres votassem, por exemplo; quantos respeitavam a liberdade de expressão? Se você pensar nos diferentes aspectos dos direitos humanos, até mesmo nas coisas mais completas que as pessoas normalmente não pensam como direitos humanos, como saúde, educação, saneamento, moradia, o mundo hoje está melhor do que há 70 anos.

Dito isso, há muitas ameaças, há uma série de ameaças para o multilateralismo, há uma série de ameaças e retrocessos em direitos humanos. Costumava ser para todos, direitos humanos universais e os três pilares – Paz e Segurança, Desenvolvimento e Direitos Humanos, e nós vemos um retrocesso.

[...] Em alguns documentos, os direitos humanos não são mencionados, e quando você questiona isso, dizem que "isso já é sabido". Se é sabido, fantástico, porque todos estão fazendo seu trabalho. Mas se é invisível, então não é uma coisa boa. Por outro lado, vemos defensores dos direitos humanos e a sociedade civil tendo seus espaços encolhidos. [...]

Há uma série de desafios. A única coisa que posso dizer é que a luta por direitos humanos provavelmente nunca acabará, porque é um processo onde você avança, mas sempre existirão pessoas que querem retroceder, governos ou grupos armados. A tarefa da ONU é garantir e promover todo o sistema de direitos humanos. [...]

Entrevista: avanço dos direitos humanos é um "processo sem fim", diz Bachelet. Nações Unidas Brasil, 18 out. 2018. Disponível em: <https://nacoesunidas.org/entrevista-avanco-dos-direitos-humanos-e-um-processo-sem-fim-diz-bachelet/>. Acesso em: 18 jun. 2019.

Michelle Bachelet, duas vezes eleita presidente do Chile, primeira-chefe da ONU Mulheres e alta-comissária da ONU para os direitos humanos. Foto de 2019.

Luiz Rampelotto/EuropaNewswire/dpa Picture-Alliance/AFP

Atividades

- Qual é a sua opinião sobre a resposta de Bachelet aos progressos alcançados por meio da Declaração Universal dos Direitos Humanos nos últimos setenta anos? Converse com os colegas e o professor.

Experiências religiosas

Os cristãos têm como referência de vida o testemunho de Jesus registrado nos Evangelhos. Esse testemunho é a base do cristianismo e serve de orientação aos seus fiéis. Entretanto, a sociedade da época em que Jesus viveu era muito diferente da sociedade atual, o que exige, por parte da Igreja, uma constante atualização da mensagem evangélica, a fim de responder às demandas sociais modernas. Nesse sentido, o magistério da Igreja católica tem papel primordial na produção, na publicação e na divulgação de ensinamentos relacionados a um conjunto de temas fundamentais para a vida em sociedade.

Ao longo do tempo, a Igreja tem produzido documentos nos quais expõe sua doutrina para o conhecimento dos fiéis. As encíclicas sociais, por exemplo, são cartas dirigidas aos católicos e a todas as pessoas interessadas. Esses textos transmitem ensinamentos e sugerem atitudes a serem tomadas em diversas situações de convívio social.

No que se refere à compreensão da dignidade humana, a *Constituição Pastoral* Gaudium et Spes: *sobre a Igreja no mundo atual*, documento de 1965, traz uma mensagem essencial. Leia alguns de seus trechos a seguir.

Respeito da pessoa humana

[...] são infames [...] tudo o que viola a integridade da pessoa humana, como as mutilações, os tormentos corporais e mentais e as tentativas para violentar as próprias consciências; tudo quanto ofende a dignidade da pessoa humana, como as [...] prisões arbitrárias, as deportações, a escravidão [...], o comércio de mulheres e jovens; e também as condições degradantes de trabalho; em que os operários são tratados como meros instrumentos de lucro e não como pessoas livres e responsáveis. [...]

Igualdade essencial entre todos os homens

[...] embora entre os homens haja justas diferenças, a igual dignidade pessoal postula, no entanto, que se chegue a condições de vida mais humanas e justas. Com efeito, as excessivas desigualdades econômicas e sociais entre os membros e povos da única família humana provocam o escândalo e são obstáculo à justiça social, à equidade, à dignidade da pessoa humana e, finalmente, à paz social e internacional.

Papa Paulo VI. *Constituição Pastoral* Gaudium et Spes: sobre a Igreja no mundo atual, 7 dez. 1965. Disponível em: <http://www.vatican.va/archive/hist_councils/ii_vatican_council/documents/vat-ii_const_19651207_gaudium-et-spes_po.html>. Acesso em: 18 jun. 2019.

Atividades

1. Analise o texto e sublinhe os trechos que, em sua opinião, trazem ideias fundamentais para a dignidade do ser humano.

2. Converse com o professor e os colegas sobre a questão: Se você tivesse de sintetizar em três palavras o significado do respeito à pessoa humana, quais seriam essas palavras? Registre-as a seguir.

____

____

A Doutrina Social da Igreja

O *Compêndio da Doutrina Social da Igreja* sintetiza os ensinamentos sociais da Igreja católica, mostrando seu valor como instrumento de evangelização. Em seu capítulo III, que aborda a pessoa e seus respectivos direitos, esse documento discute, em particular, o **respeito pela dignidade** humana. Suas ideias fundamentais são:

compêndio: resumo de uma teoria, ciência ou doutrina.

- Uma sociedade justa pode ser realizada somente no respeito pela dignidade transcendente da pessoa humana. [...]
- Em nenhum caso a pessoa humana pode ser instrumentalizada para fins alheios ao seu mesmo progresso [...].
- A pessoa não pode ser instrumentalizada para projetos de caráter econômico, social e político [...].
- As autênticas transformações sociais são efetivas e duradouras somente se fundadas sobre mudanças decididas da conduta pessoal. [...]

Pontifício Conselho Justiça e Paz. *Compêndio da Doutrina Social da Igreja*, 2004, par. 132-134. Disponível em: <http://www.vatican.va/roman_curia/pontifical_councils/justpeace/documents/rc_pc_justpeace_doc_20060526_compendio-dott-soc_po.html#0%20respeito%20da%20dignidade%20humana>. Acesso em: 18 jun. 2019.

O compêndio também aborda a **igualdade em dignidade** de todas as pessoas:

- Deus não faz distinção de pessoas [...], pois todos os homens têm a mesma dignidade de criaturas à Sua imagem e semelhança [...].
- Somente o reconhecimento da dignidade humana pode tornar possível o crescimento comum e pessoal de todos [...].
- O "masculino" e o "feminino" diferenciam dois indivíduos de igual dignidade, que porém, não refletem uma igualdade estática, porque o específico feminino é diferente do específico masculino e esta diversidade na igualdade é enriquecedora e indispensável para uma harmoniosa convivência humana [...].
- As pessoas deficientes são sujeitos plenamente humanos, titulares de direitos e deveres [...].
- É necessário promover com medidas eficazes e apropriadas os direitos da pessoa deficiente [...].

Pontifício Conselho Justiça e Paz. *Compêndio da Doutrina Social da Igreja*, 2004, par. 144-146, 148. Disponível em: <http://www.vatican.va/roman_curia/pontifical_councils/justpeace/documents/rc_pc_justpeace_doc_20060526_compendio-dott-soc_po.html#0%20valor%20dos%20direitos%20humanos>. Acesso em: 18 jun. 2019.

Fique sabendo

A Doutrina Social da Igreja católica foi adaptada para uma linguagem mais próxima dos jovens – para que estes possam ser agentes de evangelização – e transformada em um livro intitulado *Docat*, com 12 capítulos e 328 questões sobre temas como família, paz, política, economia e vida como dom. Para saber mais, visite a página oficial dessa obra, disponível em: <http://jovensconectados.org.br/docat/> (acesso em: 18 jun. 2019).

Paulus/Arquivo da editora

Atividades

- Com o professor e os colegas, analise os itens da Doutrina Social da Igreja católica indicados anteriormente e, depois, sintetize a ideia principal de cada um deles.

___

___

___

Conexões

A dignidade humana

Leia a seguir dois artigos da Constituição Federal do Brasil que tratam da dignidade humana:

LStockStudio/Shutterstock.com/ID/BR

Art. 227. É dever da família, da sociedade e do Estado assegurar à criança, ao adolescente e ao jovem, com absoluta prioridade, o direito à vida, à saúde, à alimentação, à educação, ao lazer, à profissionalização, à cultura, à dignidade, ao respeito, à liberdade e à convivência familiar e comunitária, além de colocá-los a salvo de toda forma de negligência, discriminação, exploração, violência, crueldade e opressão.

[...]

Art. 230. A família, a sociedade e o Estado têm o dever de amparar as pessoas idosas, assegurando sua participação na comunidade, defendendo sua dignidade e bem-estar e garantindo-lhes o direito à vida.

Brasil. Constituição da República Federativa do Brasil de 1988. Disponível em: <http://www.planalto.gov.br/ccivil_03/Constituicao/Constituicao.htm>. Acesso em: 18 jun. 2019.

Atividades

1. Com o professor e os colegas, analise os artigos apresentados e responda:

   a. Em sua opinião, os direitos citados são efetivamente garantidos a todas as pessoas em nosso país? Justifique sua resposta.

   ____

   ____

   b. O que significa o dever de assegurar à criança, ao adolescente e ao jovem o direito à dignidade?

   ____

   ____

   c. Qual é a implicação do dever de amparar as pessoas idosas e defender sua dignidade?

   ____

   ____

2. Agora, você vai incluir seus familiares na discussão sobre dignidade humana. Leia as orientações a seguir.

a. Em casa, converse sobre dignidade humana com as pessoas que moram com você. Conte o que você aprendeu sobre esse princípio fundamental e sobre como ele é apresentado na Constituição brasileira.

b. Juntos, identifiquem duas situações de desrespeito pela dignidade humana. Para isso, vocês podem consultar jornais, noticiários, *sites*, redes sociais, etc.

c. Por fim, resuma e descreva nos quadros abaixo as duas situações que vocês identificaram.

DESRESPEITO PELA DIGNIDADE HUMANA	
Situação 1	
Tema/título:	
Lugar:	Data: / /
Referência da publicação:	
Síntese:	

DESRESPEITO PELA DIGNIDADE HUMANA	
Situação 2	
Tema/título:	
Lugar:	Data: / /
Referência da publicação:	
Síntese:	

3. Em sala de aula, converse com os colegas e o professor sobre as situações identificadas por você e seus familiares. Em seguida, discuta com a turma as reflexões provocadas pela atividade.

Espaço de diálogo

República Socialista do Vietnã. Fotografia: Anh VGP/Quang Hieu

Cerimônia de abertura da festa Vesak, Vietnã, 2019.

Os budistas celebram o Vesak, festa tradicional que comemora o nascimento, a iluminação e a morte de Sidarta Gautama. Esses acontecimentos da trajetória de Buda coincidem com o período da lua cheia do mês de maio. Por isso, os festejos são realizados anualmente nessa época com meditações, rituais e cerimônias em honra aos momentos mais marcantes da vida de Buda.

Em maio de 2019, os budistas receberam uma mensagem do Conselho Pontifício da Igreja católica para o Diálogo Inter-Religioso com o objetivo de promover, com os cristãos, a dignidade e a igualdade dos direitos de mulheres e de meninas.

Atividades

1. Com os colegas e o professor, leia um trecho da mensagem do Conselho Pontifício para o Diálogo Inter-Religioso.

> Os ensinamentos de Jesus e de Buda promovem a dignidade da mulher. Tanto o budismo como o cristianismo ensinam que mulheres e homens têm igual dignidade [...]. As mulheres budistas e as mulheres cristãs têm aportado importantes contribuições às nossas tradições religiosas e à sociedade em geral. No entanto, não se pode negar que frequentemente as mulheres são objeto de discriminação e maus-tratos. Às vezes, se usam relatos religiosos para apresentar a mulher como inferior ao homem.
>
> Atualmente, a violência contra mulheres e meninas é um problema global, que afeta um terço da população mundial feminina, favorecido por situações de conflito, pós-conflito e deslocamento forçado. As mulheres e as meninas são particularmente vulneráveis ao tráfico de pessoas e à escravidão moderna, formas de brutalidade que marcam negativa e muitas vezes irreversivelmente sua saúde. Para contrapor essas injustiças, é vital reconhecer a meninas e mulheres o acesso à educação, à igualdade de salário, aos direitos de herança e à propriedade, ampliando a representatividade na política, no governo e nas decisões [...]. A promoção da igualdade, da dignidade e dos direitos das mulheres também deve se refletir no diálogo inter-religioso, ampliando a participação das mulheres [...].
>
> Consejo Pontificio para el Diálogo Interreligioso. Mensaje para la fiesta de Vesakh 2018. Disponível em: <http://www.vatican.va/roman_curia/pontifical_councils/interelg/documents/rc_pc_interelg_doc_20190511_vesakh-2019_sp.html>. Acesso em: 18 jun. 2019. (Traduzido pelo autor desta coleção para fins didáticos.)

2. Agora, discuta com os colegas e o professor o tema do texto e como isso se dá no Brasil e no lugar onde você mora. Por exemplo, como é a participação política das mulheres em seu município?

3. Em grupo com três colegas, faça uma pesquisa sobre mulheres que têm trazido contribuições às tradições religiosas e à sociedade em geral. Depois, organize uma exposição sobre a vida e o protagonismo social dessas mulheres.

Pela convivência comum, a favor da vida

Em fevereiro de 2019, o papa Francisco visitou os Emirados Árabes Unidos e assinou com o xeque Ahmad Al-Tayyeb um documento que promove a fraternidade humana em prol da paz mundial e da convivência comum.

Leia um trecho desse documento.

Em nome de Deus, que criou todos os seres humanos iguais nos direitos, nos deveres e na dignidade e os chamou a conviver entre si como irmãos, a povoar a terra e a espalhar sobre ela os valores do bem, da caridade e da paz.

[...]

[...] declaramos – firmemente – que as religiões nunca incitam à guerra e não solicitam sentimentos de ódio, hostilidade, extremismo nem convidam à violência ou ao derramamento de sangue. Estas calamidades são fruto de desvio dos ensinamentos religiosos, do uso político das religiões e também das interpretações de grupos de homens de religião que abusaram – nalgumas fases da história – da influência do sentimento religioso sobre os corações dos homens para os levar à realização daquilo que não tem nada a ver com a verdade da religião, para alcançar fins políticos e econômicos mundanos e míopes. Por isso, pedimos a todos que cessem de instrumentalizar as religiões para incitar ao ódio, à violência, ao extremismo e ao fanatismo cego e deixem de usar o nome de Deus para justificar atos de homicídio, de exílio, de terrorismo e de opressão. Pedimo-lo pela nossa fé comum em Deus, que não criou os homens para ser assassinados ou lutar uns com os outros, nem para ser torturados ou humilhados na sua vida e na sua existência. Com efeito Deus, o Todo-Poderoso, não precisa de ser defendido por ninguém e não quer que o Seu nome seja usado para aterrorizar as pessoas.

Viagem apostólica do papa Francisco aos Emirados Árabes Unidos. Disponível em: <w2.vatican.va/content/francesco/pt/travels/2019/outside/documents/papa-francesco_20190204_documento-fratellanza-umana.html>. Acesso em: 18 jun. 2019.

Osservatore Romano/AFP

Ahmad Al-Tayyeb, grão-imame de Al-Azhar, cumprimenta o papa Francisco no Vaticano, em 2017.

grão-imame: título dado ao sacerdote soberano do islamismo.

xeque: chefe muçulmano.

Atividades

1. Converse com os colegas e o professor sobre a atualidade da mensagem do papa dirigida ao xeque Ahmad Al-Tayyeb.
2. Faça uma pesquisa na internet sobre a necessidade de fraternidade humana em favor da paz e da convivência fraternal entre os povos.
3. Com base no que a turma pesquisou, organize coletivamente um painel com uma mensagem que incentive reflexões sobre respeitar e defender a vida.

Atitudes de paz

Ao longo desta unidade, vimos que o respeito à dignidade humana é indissociável do princípio da justiça social, isto é, do bem comum.

1. Leia, a seguir, o trecho da encíclica *Laudato Si'*, elaborada pelo papa Francisco:

> [...] Nas condições atuais da sociedade mundial, onde há tantas desigualdades e são cada vez mais numerosas as pessoas descartadas, privadas dos direitos humanos fundamentais, o princípio do bem comum torna-se imediatamente, como consequência lógica e inevitável, um apelo à solidariedade e uma opção preferencial pelos mais pobres. Esta opção implica tirar as consequências do destino comum dos bens da terra, mas [...] exige acima de tudo contemplar a imensa dignidade do pobre à luz das mais profundas convicções de fé. Basta observar a realidade para compreender que, hoje, esta opção é uma exigência ética fundamental para a efetiva realização do bem comum.
>
> Papa Francisco. *Laudato Si'*, 24 maio 2015. Disponível em: <http://w2.vatican.va/content/francesco/pt/encyclicals/documents/papa-francesco_20150524_enciclica-laudato-si.html>. Acesso em: 18 jun. 2019.

- Agora, sublinhe os trechos que você julga conter as ideias principais do texto.

2. Veja o que o papa Francisco afirmou sobre a dignidade da vida humana:

Franco Origlia/Getty Images

> "[...] onde a vida não vale por sua dignidade, mas por sua eficiência e produtividade, tudo se torna possível. [...] a vida humana [...] possui uma dignidade [...] intangível [...]."
>
> Papa: vida humana possui uma dignidade intangível. *Vatican News*, 26 jan. 2018. Disponível em: <https://www.vaticannews.va/pt/papa/news/2018-01/papa--vida-humana-possui-uma-dignidade-intangivel-.html>. Acesso em: 18 jun. 2019.

intangível: intocável.

- Siga o exemplo do papa Francisco e escreva a seguir uma mensagem para sensibilizar as pessoas sobre a importância de nos unirmos em prol do bem comum. No espaço redondo, à esquerda, faça um desenho ou cole uma foto de seu rosto.

"____

____"

3. Pesquise uma frase de outro líder religioso que expresse uma mensagem em prol do bem comum e registre-a abaixo. No espaço redondo, à esquerda, desenhe o rosto ou cole uma foto desse líder.

4. Compartilhe com os colegas e o professor a frase que você criou e a frase do líder religioso que você pesquisou.

Trocando ideias, descobrindo palavras

Nesta unidade, você realizou várias atividades nas quais destacou ou sublinhou trechos importantes. Na seção **Experiências religiosas**, por exemplo, em que estudou a abordagem do tema da dignidade humana nos documentos sociais da Igreja católica, você deve ter destacado muitos trechos. Agora, que tal unir seus conhecimentos e criar uma brincadeira com um colega para relacionar o que aprendeu?

1. Pense em catorze conceitos que foram estudados nesta unidade e sintetize-os em catorze palavras. Depois, elabore um diagrama incluindo as palavras que você listou. Para que a atividade fique mais interessante, lembre-se de registrar as palavras de modo que fiquem entre letras aleatórias.

2. Uma vez que o diagrama esteja pronto, troque de livro com um colega e tente resolver a atividade criada por ele enquanto ele resolve a que você elaborou.
3. Peça ao colega que anote na tabela abaixo as palavras que encontrar. Em seguida, discutam os conceitos que cada um incluiu em seu diagrama.

1.	8.
2.	9.
3.	10.
4.	11.
5.	12.
6.	13.
7.	14.

Mais atividades

Depois de ter conversado e refletido bastante sobre o tema da dignidade humana, que palavras vêm à sua mente?

1. Complete as letras com vinte palavras relacionadas ao respeito à pessoa humana e ao reconhecimento da dignidade de cada indivíduo. Para isso, você deve acrescentar outras letras e construir as palavras na direção que quiser.

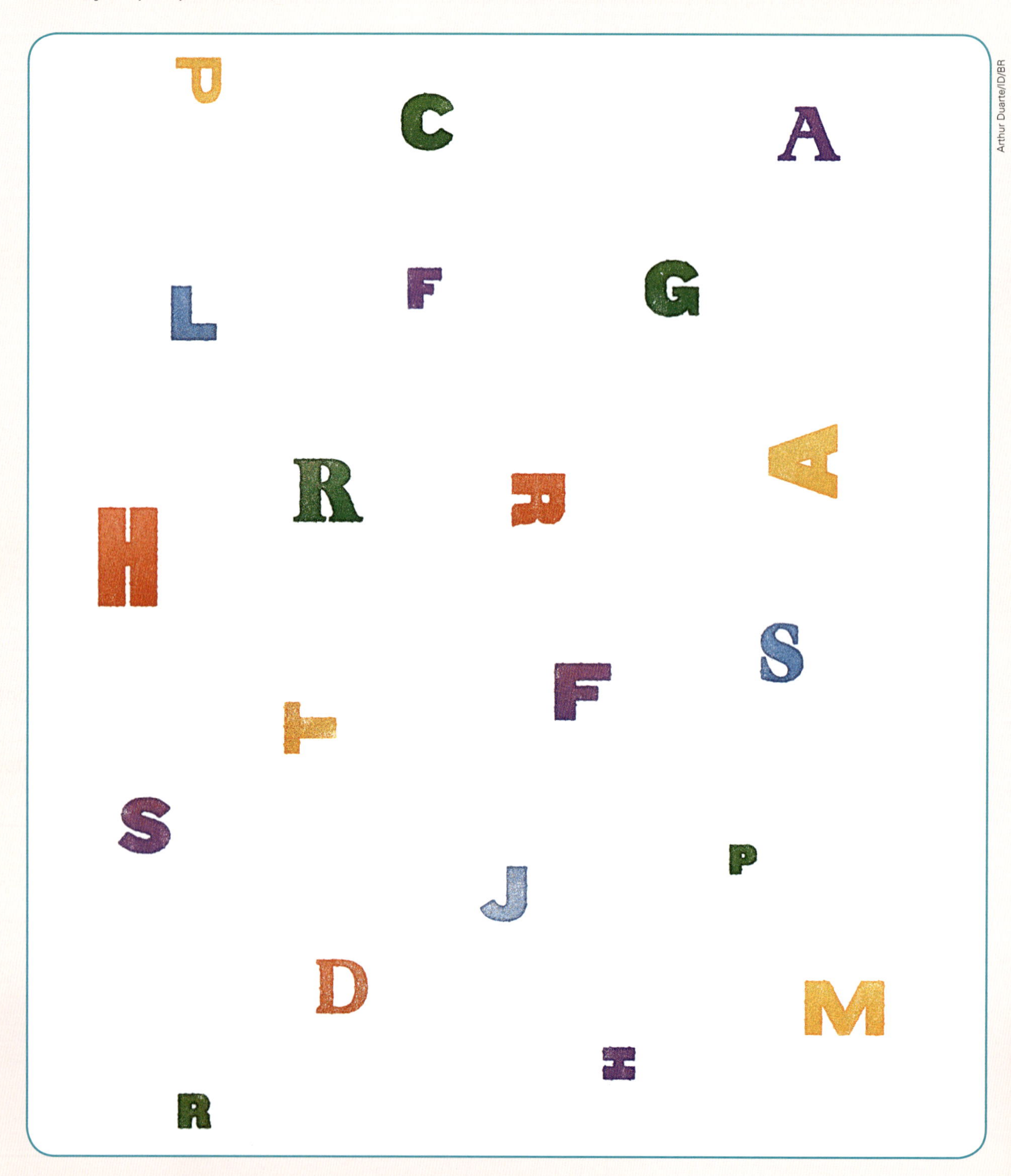

Arthur Duarte/ID/BR

2. Leia um trecho da fábula "O gato vaidoso", de Monteiro Lobato. Depois, faça o que se pede.

O gato vaidoso

Moravam na mesma casa dois gatos iguaizinhos no pelo mas desiguais na sorte. Um, amimado pela dona, dormia em almofadões. Outro, no borralho. Um passava a leite e comia em colo. O outro por feliz se dava com as espinhas de peixe do lixo.

Certa vez cruzaram-se no telhado e o bichano de luxo arrepiou-se todo, dizendo:

– Passa de largo, vagabundo! Não vês que és pobre e eu rico? Que és gato de cozinha e eu de salão? Respeita-me, pois, e passa de largo...

– **Alto lá, senhor orgulhoso! Lembra-te que somos irmãos, criados no mesmo ninho**.

– Sou nobre! Sou mais que tu!

– Em quê? Não mias como eu?

– Mio.

– Não tens rabo como eu?

– Tenho.

– Não caças ratos como eu?

– Caço.

– Não comes ratos como eu?

– Como.

– **Logo, não passas dum simples gato igual a mim**. Abaixa, pois, a crista desse orgulho idiota e lembra-te que mais nobreza do que eu não tens, o que tens é apenas um bocado mais de sorte...

Monteiro Lobato. *Fábulas*. São Paulo: Universo dos Livros, 2010. p. 140-141.

Arthur Duarte/ID/BR

a. Após a leitura, converse com os colegas e o professor sobre o que mais chamou a sua atenção nessa fábula.

b. Discuta com a turma sobre as frases destacadas no texto. Como você as interpreta? Você concorda com elas? Por quê? Anote suas considerações no caderno.

3. Utilizando palavras contidas nas frases destacadas, escreva no caderno uma fábula curta, com cerca de quinze linhas.

4. Com os colegas e o professor, marque uma data para que todos possam ler e comentar os textos da turma. Vocês também podem estudar a possibilidade de ilustrar as fábulas e expor os trabalhos na escola.

Unidade 5

Projeto de vida em comum

wavebreakmedia/Shutterstock.com/ID/BR

- Você participa de algum grupo que vise ao bem comum?
- Você acha importante haver atividades destinadas a unir as pessoas?

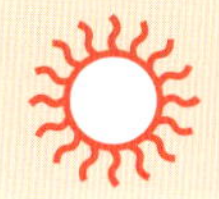

Para começo de conversa

Todo mundo quer ser feliz, mas você já se perguntou como encontrar a felicidade? Já conversou com amigos sobre seus projetos de vida e sobre como espera alcançar seus objetivos? Quando pensa em seu contexto atual e no futuro, seus projetos incluem objetivos ligados ao bem comum? Pensar nos outros faz parte da sua noção de felicidade?

Atividades

- Observe a tira e, depois, responda às questões.

Peanuts, Charles Schulz © 1961 Peanuts Worldwide LLC / Dist. by Andrews McMeel Syndication

Tira de Snoopy, de Charles Schulz, 1961.

a. Você já se sentiu como a personagem da tira? O que fez para mudar?

b. O que você gostaria de mudar em sua vida? Por quê?

Curiosidade filosófica

Para o pensador grego Epicuro (341 a.C.-271 a.C.), o propósito da filosofia é atingir a felicidade. Para ele, a felicidade humana vem da satisfação de desejos, tais como encontrar os amigos quando nos sentimos sozinhos ou comer quando temos fome. Segundo o epicurismo, o prazer humano pode resultar da prática da virtude, um bem superior. Em sua *Carta sobre a felicidade a Meneceu*, Epicuro escreve:

> De todas essas coisas, a prudência é o princípio e o supremo bem, razão pela qual ela é mais preciosa do que a própria filosofia; é dela que originaram todas as demais virtudes; é ela que nos ensina que não existe vida feliz sem prudência, beleza e justiça, e que não existem prudência, beleza e justiça sem felicidade. **Porque as virtudes estão intimamente ligadas à felicidade, e a felicidade é inseparável delas.**
>
> Epicuro. *Carta sobre a felicidade a Meceneu.* Tradução de Álvaro Lorencini e Enzo del Carratore. São Paulo: Ed. da Unesp, 2002. p. 45-46.

Museu Capitolino, Roma, Itália. Fotografia: Agostini Picture Library/G. Dagli Orti/Bridgeman/Easypix

Busto de Epicuro.

- Após a leitura do texto, responda às questões a seguir e, depois, compartilhe suas ideias com os colegas e o professor.

  a. Como você compreende o trecho destacado no texto? Você concorda com a afirmação do filósofo? Dê um exemplo para justificar seu argumento.

  b. O que é prudência? Pesquise o significado dessa palavra no dicionário.

Por dentro da história

Para viver em sociedade, precisamos agir de acordo com alguns princípios e valores. O humanismo, por exemplo, é um posicionamento filosófico e ético que enfatiza o valor e a ação do ser humano, tanto no âmbito individual quanto no coletivo. Em sua *Carta sobre o humanismo*, o filósofo alemão Martin Heidegger (1889-1976) afirma:

> [...] humanismo é isto: meditar e cuidar para que o homem seja humano e não desumano, inumano, isto é, situado fora da sua essência.
>
> Martin Heidegger. *Carta sobre o humanismo*. São Paulo: Centauro, 2005. p. 17.

O entendimento do humanismo varia de acordo com os movimentos intelectuais que se identificam com essa corrente filosófica. O humanismo cristão, por exemplo, afirma a centralidade do ser humano, criado por Deus e aberto ao transcendente. Esse movimento defende como imprescindível o reconhecimento da liberdade pessoal, sendo esta indissociável da dignidade humana. Também reconhece a igualdade de direitos de todos os seres humanos e sustenta que, na ordem social, é preciso buscar a justiça, com base no princípio da **solidariedade**.

Atividades

1. Em sua opinião, o que é solidariedade? Converse com os colegas e o professor.
2. Um dos principais documentos sociais da Igreja católica é a encíclica *Populorum progressio* (ou O desenvolvimento dos povos), publicada em 1967 pelo papa Paulo VI. Escrita em um contexto de crescimento da desigualdade econômica e social entre os países, a encíclica enfatiza a necessidade do desenvolvimento solidário. Leia um trecho desse documento e, com base nele, responda às questões a seguir.

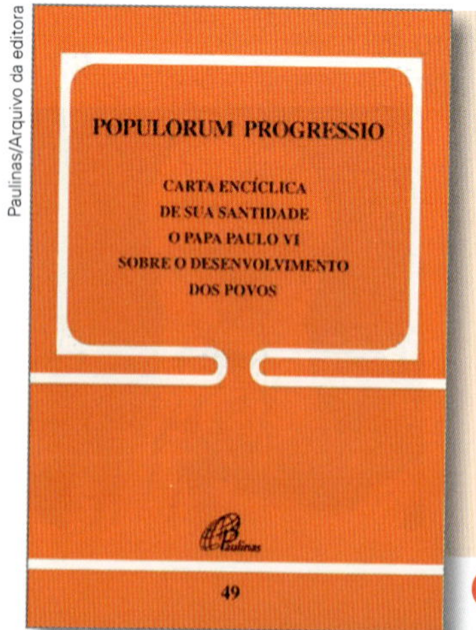

Paulinas/Arquivo da editora

Capa da encíclica *Populorum progressio*.

> O desenvolvimento integral do homem não pode realizar-se sem o desenvolvimento solidário da humanidade. [...]
>
> [...]
>
> Entre as civilizações, como entre as pessoas, o diálogo sincero torna-se criador de fraternidade. A busca do desenvolvimento há de aproximar os povos nas realizações, fruto de esforço comum, se todos, desde os governos e seus representantes até o mais humilde dos técnicos, estiverem animados de amor fraterno e movidos pelo desejo sincero de construir uma civilização de solidariedade mundial. [...]
>
> Papa Paulo VI. *Populorum progressio*, 26 mar. 1967. Disponível em: <http://w2.vatican.va/content/paul-vi/pt/encyclicals/documents/hf_p-vi_enc_26031967_populorum.html>. Acesso em: 19 jun. 2019.

a. Você considera possível o desenvolvimento solidário da humanidade? Por quê? Converse com os colegas e o professor.

b. Quais ações podem ser tomadas para promover o progresso da sociedade?

Humanismo solidário

Em 2017, a Igreja católica lançou o documento *Educar ao humanismo solidário*, que comemora os 50 anos da encíclica *Populorum progressio*. Destinado a contribuir para a **civilização do amor**, o documento propõe **humanizar a educação** de modo a torná-la um processo em que cada pessoa possa desenvolver suas próprias atitudes e aprimorar sua vivência em comunidade.

O humanismo solidário mostra que fazemos parte de uma comunidade viva, interdependente e vinculada a um destino comum. Nesse sentido, a educação humanizada tem potencial para gerar solidariedade, partilha e comunhão entre a comunidade. Com base nesse pressuposto, o documento propõe quatro linhas fundamentais, conforme mostra o esquema a seguir.

Educar ao humanismo solidário

A cultura do diálogo

É característico da natureza da educação a capacidade de construir as bases para um diálogo pacífico e permitir o encontro entre as diversidades com o objetivo principal de edificar um mundo melhor. Trata-se, em primeiro lugar, de um processo educativo no qual a busca por uma convivência pacífica e enriquecedora enraíza-se no mais amplo conceito de ser humano [...] segundo uma concepção de desenvolvimento integral e transcendente da pessoa e da sociedade.

Globalizar a esperança

[...] Uma missão que se realiza por meio da construção de relações educativas e pedagógicas que formem para o amor cristão, que criem grupos assentes na solidariedade, nas quais o bem comum esteja associado virtuosamente ao bem de cada um dos seus membros [...].

assente: apoiado; firmado.

Verdadeira inclusão

[...] Os cidadãos de hoje, de fato, devem ser solidários com os seus contemporâneos onde quer que estejam, mas também com os futuros cidadãos do planeta. [...]
Para que haja uma verdadeira inclusão, é preciso dar outro passo entrando numa relação de solidariedade com as gerações que nos antecederam. [...]

Redes de cooperação

[...] As redes de cooperação deverão ser instituídas entre sujeitos educativos e sujeitos de outro âmbito, por exemplo do mundo das profissões, das artes, do comércio, das empresas e de todos os corpos intermediários da sociedade nos quais o humanismo solidário precisa propagar-se.

Fonte de pesquisa: Cardeal Giuseppe Versaldi. Educar ao humanismo solidário, 16 abr. 2017. Disponível em: <http://www.vatican.va/roman_curia/congregations/ccatheduc/documents/rc_con_ccatheduc_doc_20170416_educare-umanesimo-solidale_po.html>. Acesso em: 21 jun. 2019.

Atividades

1. Das quatro linhas fundamentais do documento *Educar ao humanismo solidário*, qual você considerou mais importante? Converse com os colegas e o professor.
2. Anote no caderno exemplos concretos de como colocar essas ideias em prática na sala de aula, em toda a escola e também na comunidade onde você vive.

Experiências religiosas

Quantas vezes você já viu e/ou ouviu notícias, filmes, palestras, livros, espetáculos que alertam sobre a necessidade de mudarmos alguns hábitos com o objetivo de proteger o meio ambiente e os recursos naturais?

Na encíclica *Laudato Si'* não é diferente, pois seu texto faz um apelo ao constatar que a humanidade precisa mudar. Segundo esse documento, falta à humanidade a consciência de uma origem comum, de uma noção recíproca de pertencimento e da ideia de um futuro partilhado por todos.

A solução pode parecer simples: precisamos desenvolver novas convicções, novas atitudes e novos estilos de vida, mas, no dia a dia, esse é um grande desafio. Como você percebe isso em seu cotidiano e em sua vida familiar?

Atividades

1. Leia um trecho da encíclica *Laudato Si'* e, em seguida, responda às questões.

> A consciência da gravidade da crise cultural e ecológica precisa de traduzir-se em novos hábitos. Muitos estão cientes de que não bastam o progresso atual e a mera acumulação de objetos ou prazeres para dar sentido e alegria ao coração humano, mas não se sentem capazes de renunciar àquilo que o mercado lhes oferece. Nos países que deveriam realizar as maiores mudanças nos hábitos de consumo, os jovens têm uma nova sensibilidade ecológica e um espírito generoso, e alguns deles lutam admiravelmente pela defesa do meio ambiente, mas cresceram num contexto de altíssimo consumo e bem-estar que torna difícil a maturação doutros hábitos. Por isso, estamos perante um desafio educativo.
>
> Papa Francisco. *Laudato Si'*, 24 maio 2015. Disponível em: <http://w2.vatican.va/content/francesco/pt/encyclicals/documents/papa-francesco_20150524_enciclica-laudato-si.html>. Acesso em: 19 jun. 2019.

a. Das ideias apresentadas no texto, qual mais chamou sua atenção? Converse com os colegas e o professor.

b. Você se considera uma pessoa que tem essa "nova sensibilidade ecológica e um espírito generoso" que diz o texto? Por quê? Justifique sua resposta.

____

____

____

c. Em uma escala de 0 a 5, que nota você atribui à sua sensibilização ecológica e ao seu espírito generoso? Circule a sua resposta na imagem abaixo e compartilhe-a com os colegas.

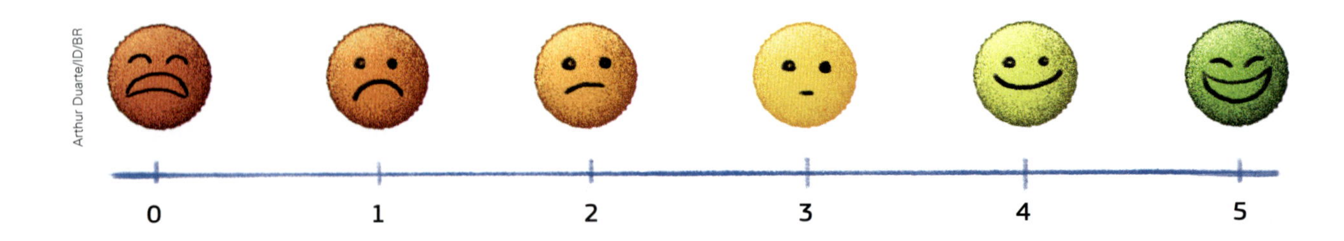

Arthur Duarte/ID/BR

2. Observe o esquema a seguir, que apresenta os níveis de equilíbrio ecológico, e leia outro trecho da encíclica *Laudato Si'*. Depois, responda às questões.

A educação ambiental tem vindo a ampliar os seus objetivos. Se, no começo, estava muito centrada na informação científica e na consciencialização e prevenção dos riscos ambientais, agora tende a incluir uma crítica dos "mitos" da modernidade baseados na razão instrumental (individualismo, progresso ilimitado, concorrência, consumismo, mercado sem regras) e tende também a recuperar os distintos níveis de equilíbrio ecológico: o interior consigo mesmo, o solidário com os outros, o natural com todos os seres vivos, o espiritual com Deus. [...]

Papa Francisco. *Laudato Si'*, 24 maio 2015. Disponível em: <http://w2.vatican.va/content/francesco/pt/encyclicals/documents/papa-francesco_20150524_enciclica-laudato-si.html>. Acesso em: 19 jun. 2019.

a. Converse com os colegas e o professor sobre cada um dos níveis de equilíbrio ecológico, exemplificando-os.

b. Em sua trajetória escolar, houve experiências de educação ambiental que ajudaram você a alcançar esse equilíbrio ecológico mencionado no texto? Em caso positivo, cite exemplos.

3. Leia mais um trecho da encíclica *Laudato Si'* e, em seguida, faça o que se pede.

Às vezes, porém, esta educação, chamada a criar uma "cidadania ecológica", limita-se a informar e não consegue fazer maturar hábitos. A existência de leis e normas não é suficiente, a longo prazo, para limitar os maus comportamentos, mesmo que haja um válido controle. Para a norma jurídica produzir efeitos importantes e duradouros, é preciso que a maior parte dos membros da sociedade a tenha acolhido, com base em motivações adequadas, e reaja com uma transformação pessoal. A doação de si mesmo num compromisso ecológico só é possível a partir do cultivo de virtudes sólidas. Se uma pessoa habitualmente se resguarda um pouco mais em vez de ligar o aquecimento, embora as suas economias lhe permitam consumir e gastar mais, isso supõe que adquiriu convicções e modos de sentir favoráveis ao cuidado do ambiente. É muito nobre assumir o dever de cuidar da criação com pequenas ações diárias, e é maravilhoso que a educação seja capaz de motivar para elas até dar forma a um estilo de vida. A educação na responsabilidade ambiental pode incentivar vários comportamentos que têm incidência direta e importante no cuidado do meio ambiente, tais como evitar o uso de plástico e papel, reduzir o consumo de água, diferenciar o lixo, cozinhar apenas aquilo que razoavelmente se poderá comer, tratar com desvelo os outros seres vivos, servir-se dos transportes públicos ou partilhar o mesmo veículo com várias pessoas, plantar árvores, apagar as luzes desnecessárias... [...]

Papa Francisco. *Laudato Si'*, 24 maio 2015. Disponível em: <http://w2.vatican.va/content/francesco/pt/encyclicals/documents/papa-francesco_20150524_enciclica-laudato-si.html>. Acesso em: 19 jun. 2019.

desvelo: cuidado; zelo.

- Com base no texto acima, reflita e comente com os colegas e o professor se você e sua família evitam o uso desnecessário de papel, fazem uso moderado da água, separam o lixo, cozinham apenas o que comem, evitando o desperdício, tratam bem os outros seres vivos, usam transporte público, economizam luz, entre outros comportamentos de cuidado ao meio ambiente.

Conexões

No início desta unidade, refletimos sobre a necessidade de uma ação conjunta em prol do bem comum e vimos que a felicidade está relacionada às nossas virtudes.

O Dalai-lama (1935-), líder religioso do budismo tibetano, escreveu o livro *A arte da felicidade: um manual para a vida*, que traz a seguinte mensagem:

Sanjeev Verma/Hindustan Times/Getty Images

Tenzin Gyatso, o Dalai--lama. Foto de 2019.

> Para mim o próprio objetivo da vida é perseguir a felicidade. Isso está claro. Se acreditamos em religião, ou não; se acreditamos nesta religião ou naquela; todos estamos procurando algo melhor na vida. Por isso, para mim, o próprio movimento da nossa vida é no sentido da felicidade...
>
> Dalai-lama e Howard C. Cutler. *A arte da felicidade*: um manual para a vida. Tradução de Waldéa Barcellos. São Paulo: Martins Fontes, 2000. p. 16.

Na virada do milênio, esse mestre do budismo tibetano apresentou reflexões sobre a felicidade. Leia a seguir algumas delas.

[...]

2. Quando você perder, não deixe de tirar uma lição da experiência.
3. Siga os três Rs: Respeito por si próprio, respeito pelos outros, responsabilidade por todas as suas ações.
4. Lembre-se [de] que não conseguir o que você quer é algumas vezes um lance de sorte.

[...]

vgajic/iStock/Getty Images

Plantar árvores é um jeito de ser gentil com o meio ambiente e de cuidar do nosso planeta.

6. Não deixe uma pequena disputa ferir uma grande amizade.
7. Quando você perceber que cometeu um erro, tome providências imediatas para corrigi-lo.
8. Passe algum tempo sozinho todos os dias.
9. Abra seus braços para mudanças, mas não abra mão de seus valores.
10. Lembre-se [de] que o silêncio às vezes é a melhor resposta.
11. Viva uma vida honrada. Então, quando você ficar mais velho e pensar no passado, você vai ser capaz de apreciá-lo uma segunda vez.
12. Uma atmosfera de amor em sua casa é o fundamento para sua vida.
13. Em discordâncias com entes queridos, trate apenas da situação atual. Não fale do passado.
14. Compartilhe o seu conhecimento. É uma maneira de alcançar a imortalidade.
15. Seja gentil com a Terra.
16. Uma vez por ano, vá a algum lugar onde nunca esteve antes.

[...]

18. Julgue seu sucesso pelo que você teve que renunciar para consegui-lo.

[...]

20. Se você quer ver a si mesmo e o outro feliz, pratique a compaixão.

A arte da felicidade. Dicas do Dalai-lama para o bem viver. *Geledés*, 7 set. 2015. Disponível em: <https://www.geledes.org.br/a-arte-da-felicidade-dicas-do-dalai-lama-para-o-bem-viver/>. Acesso em: 21 jun. 2019.

Atividades

1. Com relação às reflexões do Dalai-lama sobre a felicidade, sublinhe aquelas com as quais você mais se identificou. Depois, converse com os colegas e o professor sobre essas reflexões e sobre o que é felicidade para você.

2. Circule no texto as reflexões nas quais o sentido da felicidade se refere à nossa relação com o outro. Com base nas frases circuladas, responda:

   a. Você acredita que nossa felicidade depende da relação que temos com os outros? Por quê?

   b. É possível ser feliz sozinho?

3. Leia um trecho do artigo "A felicidade escondida nas bem-aventuranças", publicado na revista *Ihu on-line*.

Você já pensou sobre sua felicidade? O que te faz feliz hoje?

"**Ser feliz**": não há outra meta mais importante na vida de todos nós. De fato, é tão importante que se converteu em um desejo que repetimos de maneira muito frequente e, de forma especial, para as pessoas que mais amamos. [...]

A impressão que temos é que a vivência de muitos cristãos está longe de apresentar [...] Deus como amigo da felicidade humana, fonte de vida, alegria, saúde; na experiência de fé de muitas pessoas, o seguimento de Jesus, muitas vezes, não se associa com a ideia de "**felicidade**".

Predomina, em certos ambientes ou grupos cristãos, uma doutrina dolorida e uma catequese afastada da busca humana da felicidade. O cristianismo se apresentou, durante muito tempo, como a religião da cruz, da dor, do sofrimento, da renúncia, da repressão ao prazer e à felicidade neste mundo.

Diante de tal situação, Jesus, no Evangelho de hoje, afirma categoricamente: "*Felizes sois vós!*"

Jesus [...] promulga seu programa "com" vida, fundado não numa ética de "deveres e obrigações", mas numa ética de "felicidade e ventura". [...]

O Evangelho, a "boa notícia", é o tesouro que enche o ser humano de uma felicidade indescritível. Com efeito, a primeira característica que aparece nas bem-aventuranças é que o programa de Jesus para os seus é um "programa de felicidade".

[...]

As bem-aventuranças substituem os **mandamentos** que proíbem por um anúncio que atrai para a felicidade. E a promessa de felicidade não é para depois da morte. Jesus fala da felicidade nesta vida. [...]

As bem-aventuranças são o caminho da felicidade.

Adroaldo Palaoro. A felicidade escondida nas bem-aventuranças, Revista *Ihu on-line*, 15 fev. 2019. Disponível em: <http://www.ihu.unisinos.br/42-noticias/comentario-do-evangelho/586687-a-felicidade-escondida-nas-bem-aventurancas>. Acesso em: 21 jun. 2019.

Arthur Duarte/ID/BR

   a. Com o professor e os colegas, analise o texto e converse sobre as ideias nele apresentadas.

   b. Em seguida, pesquise o trecho bíblico que trata das bem-aventuranças (Mateus 5: 1-11) e busque relacioná-lo ao "programa de felicidade" ao qual o texto acima se refere.

Espaço de diálogo

Você já pensou sobre como as religiões são vistas no mundo contemporâneo? É possível que você já saiba que a organização social interfere no modo de vida das pessoas e no modo como elas se relacionam com a religião.

Ao longo do tempo, muitos setores da sociedade se distanciaram da vivência religiosa, buscando outros modos de interpretar a vida e de dar sentido a ela. Esse processo é chamado de secularização da sociedade, isto é, uma sociedade antes identificada com valores e instituições religiosas se afasta gradualmente desses valores, substituindo-os por princípios não religiosos.

Nesse processo, a religião perde sua relevância, autoridade e influência na sociedade, limitando-se praticamente à vida pessoal de cada um.

Arthur Duarte/ID/BR

fundamentalista: termo que se refere a correntes ou movimentos conservadores que pregam a obediência rigorosa a um conjunto de valores, sejam ou não religiosos.

pluralismo: conceito associado à coexistência de fatores, opiniões, visões e pensamentos muito diferentes uns dos outros.

Além disso, o pluralismo da sociedade atual favorece muitas possibilidades e discursos sobre o sentido da vida e a busca da felicidade. Essas múltiplas opções geram os mais diversos posicionamentos com relação à religião: incredulidade, indiferença, adesão a novos movimentos e até mesmo condutas fundamentalistas, tanto por parte da ciência quanto de grupos religiosos.

O modo de se relacionar com Deus e a maneira de vivenciar a espiritualidade são condutas pessoais, orientadas, em grande parte, pelo contexto social e que devem ser respeitadas. Isso é sustentado pelo fato de a liberdade religiosa ser um dos direitos humanos fundamentais. Vamos conhecer melhor esse assunto?

Atividades

1. No Censo Demográfico de 2010, realizado pelo Instituto Brasileiro de Geografia e Estatística (IBGE), foi perguntada a religião dos entrevistados. Entre as opções de resposta, constavam: sem religião, agnóstico, ateu, não determinada e múltiplo pertencimento. Com os colegas e o professor, faça uma pesquisa e defina, no caderno, cada uma dessas categorias.

2. Agora, com a ajuda do professor, leia e analise as citações de dois filósofos, a fim de aprofundar os conceitos de ateísmo e agnosticismo. Em seguida, converse com os colegas e o professor sobre a relação entre esses textos e as definições criadas por vocês na atividade **1**.

"Para onde foi Deus?" [...] É o que vou dizer. Nós o matamos – vocês e eu! Nós todos, nós somos seus assassinos! Mas como fizemos isso? Como conseguimos esvaziar o mar? Quem nos deu uma esponja para apagar o horizonte? Que fizemos quando desprendemos esta terra para apagar o horizonte? Que fizemos quando desprendemos esta terra da corrente que a ligava ao sol? Para onde vai agora? Para onde vamos nós? [...] Deus morreu! Deus continua morto! E fomos nós que o matamos!

Friedrich Nietzsche. *A gaia ciência*. São Paulo: Escala, 2008. p. 129.

GL Archive/Alamy/Fotoarena

Friedrich Nietzsche (1844-1900). Foto de 1869.

The Picture Art Collection/Alamy/Fotoarena

Soren Kierkegaard (1813-1855), em desenho de Niels Christian Kierkegaard, cerca de 1840.

Chamemos então este desconhecido: o deus. É apenas um nome que lhe damos. Dificilmente ocorreria à inteligência querer provar que esse desconhecido (o deus) existe de fato. Se, com efeito, o deus não existe, é claro que seria impossível prová-lo, e se ele de fato existe, é claro que seria uma tolice querer provar isso; pois eu já o pressupus, justamente no instante em que a prova começa, não como algo duvidoso (o que um pressuposto aliás nunca pode ser, já que é um pressuposto), mas como algo já resolvido, pois de outro modo eu não iria começar, entendendo facilmente que o todo seria uma impossibilidade se ele não existisse.

Soren Kierkgaard. *Migalhas filosóficas ou um bocadinho de filosofia de João Clímacus*. Petrópolis: Vozes, 2008.

3. Por fim, leia a definição de ateísmo que consta do documento *Gaudium et Spes* (Alegria e esperança), publicado em 1965 pelo papa Paulo VI.

Com a palavra "ateísmo", designam-se fenômenos muito diversos entre si. Com efeito, enquanto alguns negam expressamente Deus, outros pensam que o homem não pode afirmar seja o que for a seu respeito; outros [...] tratam o problema de Deus de tal maneira que ele parece não ter significado. Muitos, ultrapassando indevidamente os limites das ciências positivas, ou pretendem explicar todas as coisas só com os recursos da ciência, ou, pelo contrário, já não admitem nenhuma verdade absoluta. Alguns exaltam de tal modo o homem, que a fé em Deus perde toda a força, e parecem mais inclinados a afirmar o homem do que a negar Deus. Outros concebem Deus de uma tal maneira, que aquilo que rejeitam não é de modo algum o Deus do Evangelho. Outros [...] nem sequer abordam o problema de Deus: parecem alheios a qualquer inquietação religiosa e não percebem por que se devem ainda preocupar com a religião. Além disso, o ateísmo nasce muitas vezes dum protesto violento contra o mal que existe no mundo, ou de se ter atribuído indevidamente o caráter de absoluto a certos valores humanos que passam a ocupar o lugar de Deus. A própria civilização atual, não por si mesma mas pelo fato de estar muito ligada com as realidades terrestres, torna muitas vezes mais difícil o acesso a Deus.

Papa Paulo VI. *Gaudim et Spes*, 7 dez. 1965. Disponível em: <http://www.vatican.va/archive/hist_councils/ii_vatican_council/documents/vat-ii_const_19651207_gaudium-et-spes_po.html>. Acesso em: 21 jun. 2019.

- Você acha que o ateísmo está presente na sociedade atual? Converse com os colegas e o professor.

Atitudes de paz

Na seção **Experiências religiosas**, você fez uma pesquisa sobre as atitudes e os comportamentos da sua família no que diz respeito à cidadania ecológica. Agora, que tal encarar um desafio com a turma toda?

- Com o auxílio do professor, façam uma pesquisa na comunidade para identificar os comportamentos socioambientais das pessoas em seu dia a dia. Sigam o roteiro:

a. Definam o público que vai responder à pesquisa. Sugerimos pessoas entre 18 e 30 anos de idade. Cada aluno deve entrevistar pelo menos cinco pessoas.

b. Elaborem seis questões relacionadas à cidadania ecológica.

c. Para ter uma amostra equilibrada, entrevistem pessoas de todos gêneros e idades.

d. Analisem o modelo de entrevista disponível na página 75 e verifiquem se há dúvidas sobre a forma de registro das respostas.

e. Ao aplicar o questionário, orientem o entrevistado a responder a cada questão escolhendo nunca, eventualmente, geralmente ou sempre.

f. Encerrada a pesquisa, analisem os dados com o professor. Somem os dados e organizem os resultados em gráficos de diversas categorias, por exemplo:

- idade dos entrevistados;
- gênero dos entrevistados;
- respostas à pergunta 1; respostas à pergunta 2; etc.

g. Vocês podem elaborar um único gráfico, apresentando a relação entre a quantidade de pessoas, os gêneros e as respostas. Vejam o exemplo:

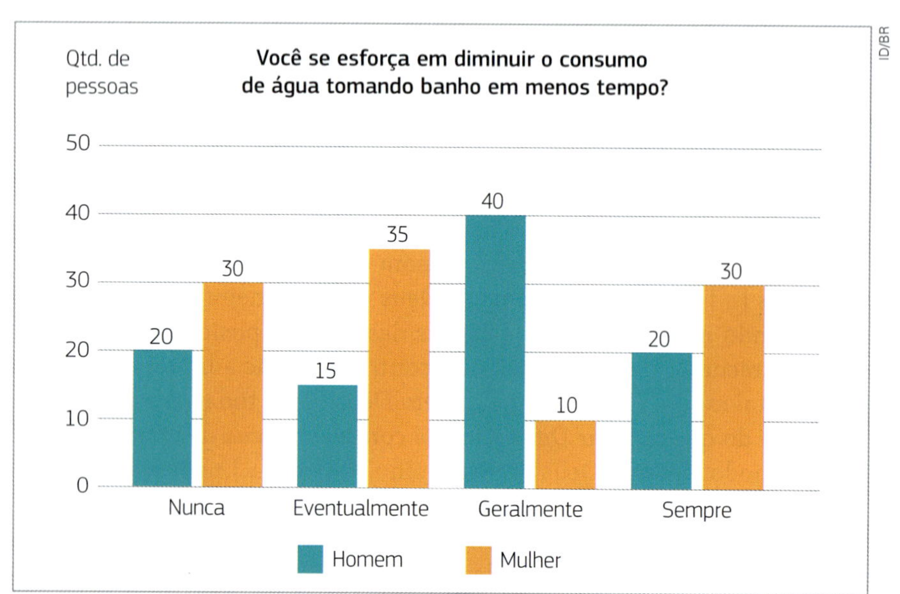

h. Na sequência, analisem os dados representados nos gráficos e pensem em dicas que poderiam ser dadas aos entrevistados no sentido de promover maior responsabilidade socioambiental.

i. No computador, organizem uma apresentação dos gráficos agregando os resultados e as dicas. Depois, enviem essa apresentação aos entrevistados, agradecendo a participação deles e motivando-os a continuar preservando o meio ambiente.

Modelo de entrevista

ENTREVISTADO	IDADE	SEXO	*E-MAIL*
1.		M ( ) F ( )	
2.		M ( ) F ( )	
3.		M ( ) F ( )	
4.		M ( ) F ( )	
5.		M ( ) F ( )	

PERGUNTA 1	RESPONDENTE	NUNCA	EVENTUALMENTE	GERALMENTE	SEMPRE
Você se esforça em diminuir o consumo de água tomando banho em menos tempo?	R1				
	R2				
	R3				
	R4				
	R5				

PERGUNTA 2	RESPONDENTE	NUNCA	EVENTUALMENTE	GERALMENTE	SEMPRE
	R1				
	R2				
	R3				
	R4				
	R5				

PERGUNTA 3	RESPONDENTE	NUNCA	EVENTUALMENTE	GERALMENTE	SEMPRE
	R1				
	R2				
	R3				
	R4				
	R5				

PERGUNTA 4	RESPONDENTE	NUNCA	EVENTUALMENTE	GERALMENTE	SEMPRE
	R1				
	R2				
	R3				
	R4				
	R5				

PERGUNTA 5	RESPONDENTE	NUNCA	EVENTUALMENTE	GERALMENTE	SEMPRE
	R1				
	R2				
	R3				
	R4				
	R5				

PERGUNTA 6	RESPONDENTE	NUNCA	EVENTUALMENTE	GERALMENTE	SEMPRE
	R1				
	R2				
	R3				
	R4				
	R5				

Mais atividades

A construção de uma sociedade que se destaque por seu potencial inclusivo e por relações sociais pautadas em padrões de justiça e fraternidade depende de nosso comprometimento com atitudes de respeito à cidadania.

1. Analise a tira e identifique o modelo de solidariedade que precisa ser mudado.

Digo Freitas/Acervo do artista

Tira de Digo Freitas, 2010.

a. Cite dois exemplos de comportamentos que você observa no dia a dia e que se assemelham à atitude do papagaio.

Exemplo 1

____

____

Exemplo 2

____

____

b. Em sua opinião, por que essa atitude se repete?

____

____

c. Compartilhe seus exemplos com os colegas e converse com eles e com o professor sobre os motivos de essas atitudes se repetirem.

2. Encontre no diagrama dez adjetivos que qualificam as pessoas capazes de mudar a situação descrita na tira.

W	H	Z	R	E	S	P	O	N	S	Á	V	E	L	G
F	R	A	T	E	R	N	O	Q	X	G	B	V	A	T
E	P	S	O	L	I	D	Á	R	I	O	L	U	M	V
L	S	V	N	K	V	O	L	U	N	T	Á	R	I	O
I	L	C	O	N	S	C	I	E	N	T	E	O	G	M
Z	O	V	I	R	E	S	P	E	I	T	O	S	O	N
X	H	O	N	E	S	T	O	X	Z	J	U	S	T	O

Pacto para um mundo melhor

Você sabia que, em 2015, a Organização das Nações Unidas (ONU) definiu dezessete Objetivos de Desenvolvimento Sustentável (ODS) que devem ser alcançados até o ano de 2030? Observe a imagem abaixo e conheça esses objetivos.

Nações Unidas do Brasil/ID/BR

Nações Unidas Brasil. 17 objetivos para transformar nosso mundo. Disponível em: <https://nacoesunidas.org/pos2015/agenda2030/>. Acesso em: 21 jun. 2019.

1. Em casa, escolha três dos Objetivos de Desenvolvimento Sustentável e pesquise a respeito deles no *site* oficial da ONU, disponível em: <https://nacoesunidas.org/pos2015/agenda2030/> (acesso em: 21 jun. 2019). Depois, pense em exemplos concretos de atitudes que podem ser tomadas para contribuir com os objetivos escolhidos e registre-os a seguir.

OBJETIVO	ATITUDES POSSÍVEIS

2. Na sala de aula, organize com os colegas uma apresentação coletiva para discutir cada um dos objetivos escolhidos e expor os exemplos citados na atividade realizada em casa.

Unidade 6

Uma ética para o futuro

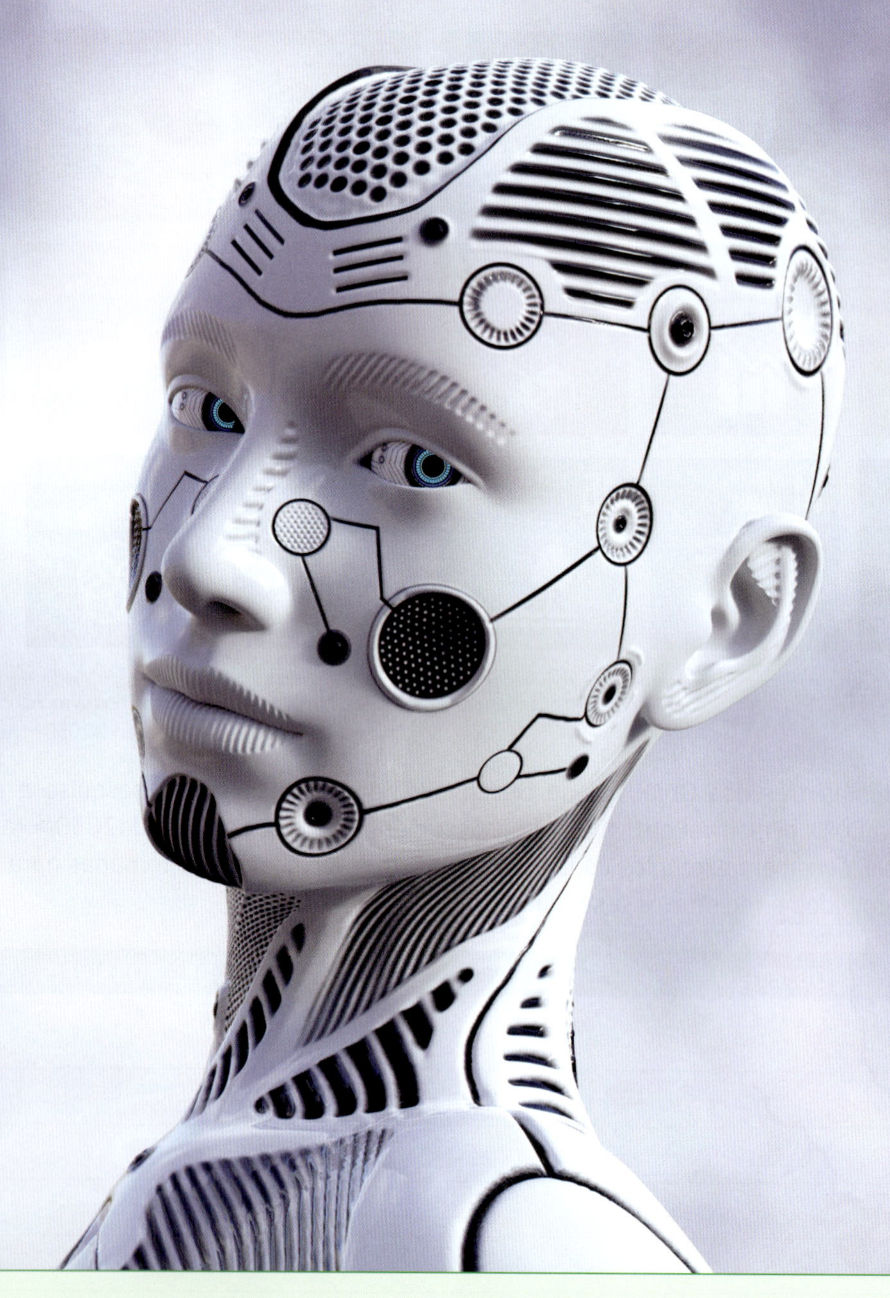

Sarah Holmlund/Shutterstock.com/ID/BR

- Você já ouviu falar em inteligência artificial?
- Será que os robôs podem ter direitos?
- Como a inteligência artificial pode estar a serviço da vida humana?

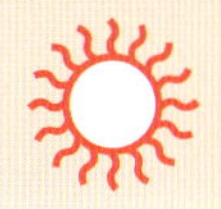

Para começo de conversa

Você já imaginou ter amigos robôs? E professores robôs?

Um robô pode ser inteligente, ter sentimentos e emoções? Será mesmo que as máquinas são capazes de aprender?

Atividades

- Analise a tira a seguir. Depois, converse com os colegas e o professor sobre suas impressões.

Jean Galvão/Acervo do artista

Tira de Jean Galvão, 2019.

Curiosidade filosófica

O filósofo sueco Nick Bostrom (1973-), em entrevista ao jornal *El País*, falou sobre os riscos potenciais da tecnologia e alertou para a necessidade de nos anteciparmos a eventuais prejuízos, que podem se mostrar bastante graves. Leia, a seguir, um trecho da fala de Bostrom.

Se a inteligência artificial for capaz de fazer tudo ou boa parte do nosso trabalho intelectual melhor do que nós, teremos em nossas mãos a última invenção que a humanidade terá que fazer.

O problema está na transição para a era da inteligência artificial: temos que fazer certo da primeira vez, porque não acho que tenhamos uma segunda chance. Se desenvolvermos uma inteligência artificial que não esteja alinhada com nossos propósitos, não creio que possamos voltar atrás e recomeçar do zero. Como civilização, não temos sido muito bons em antecipar problemas difíceis, que acabaram nos causando graves danos. Devemos mobilizar nossos esforços para garantir que isso funcione desde o princípio. Essa é a grande dificuldade para nossa civilização.

Javier Cortés. Nick Bostrom: "No tendremos una segunda oportunidad con la inteligencia artificial". *El País*, 9 dez. 2017. Retina. Disponível em: <https://retina.elpais.com/retina/2017/12/02/tendencias/1512231406_905237.html>. Acesso em: 21 jun. 2019. (Texto traduzido pelo autor desta coleção para fins didáticos.)

The Washington Post/Getty Images

Nick Bostrom. Foto de 2015.

- Discuta com os colegas e o professor as afirmações de Bostrom. Você concorda com elas? Justifique sua opinião.

Por dentro da história

A inteligência artificial trouxe grandes progressos para a humanidade nos mais diversos campos, mas também trouxe muitos dilemas. Você já chegou a pensar o que será dos operários quando os robôs fizerem todo o trabalho nas indústrias? É possível que um dia sejamos dominados por robôs mais inteligentes do que nós? Como seres humanos, temos o direito de criar? Ou só Deus pode criar?

Para começar a refletir sobre essas questões, observe a imagem a seguir e leia a respectiva legenda. O que essa imagem transmite a você?

Teto da Capela Sistina, Roma. Fotografia: ID/BR

Detalhe de afresco pintado na Capela Sistina e conhecido como *A criação de Adão*. Produzida por Michelangelo entre 1508 e 1512, a obra mede 280 cm × 570 cm e foi encomendada pelo papa Júlio II.

Atividades

1. Busque informações sobre o afresco retratado acima e anote no caderno os resultados de sua pesquisa. Em seguida, compartilhe as informações com os colegas e o professor. Se possível, peça ajuda ao professor de Arte para fazer uma análise mais detalhada dessa obra.

2. Depois de refletir sobre *A criação de Adão*, observe a imagem abaixo e dê a ela um título, justificando sua escolha.

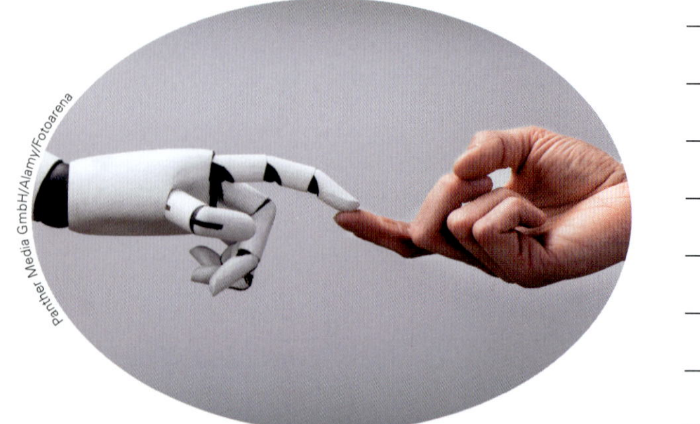

Panther Media GmbH/Alamy/Fotoarena

____

____

____

____

____

____

____

____

O que é bioética?

Dino Fracchia/Alamy/Fotoarena

Em geral, o desenvolvimento da ciência e o progresso tecnológico contribuíram para melhorar a vida das pessoas, mas, em alguns casos, resultaram em graves consequências para a humanidade.

Para evitar tragédias decorrentes do uso indevido de descobertas científicas e tecnológicas, foram estabelecidos acordos éticos e limites para a ação humana.

Um dos campos dessa reflexão é a **bioética**, ou seja, o estudo de questões morais ligadas a avanços biotecnológicos e a análise das relações entre as ciências da vida (biologia e medicina), da política, do direito e da filosofia.

O desastre de Chernobyl, na Ucrânia, em 1986, foi o maior acidente nuclear já registrado na história. Calcula-se que cerca de 80 mil pessoas morreram no acidente e milhões foram afetadas por problemas de saúde causados pela radiação. Na foto, de 2006, vista da cidade abandonada de Pripyat, onde moravam os funcionários da usina.

A palavra bioética (do grego *bios*, vida, e *ethos*, comportamento) foi criada em 1926 pelo teólogo e educador alemão Fritz Jahr (1895-1953) em um artigo sobre o uso de animais e de plantas na pesquisa científica. Em 1970, o bioquímico estadunidense Van Rensselaer Potter (1911-2001) usou o termo para descrever a relação entre a biosfera e a crescente população mundial. Seu trabalho lançou as bases para uma ética global, centrada nas ligações entre biologia, ecologia, medicina e valores humanos.

A bioética abrange um vasto leque de indagações que incluem debates sobre os limites da vida, doação de órgãos, reprodução assistida, pesquisas genéticas, entre outras.

Quatro princípios fundamentais da bioética

Para pautar sua reflexão sobre a ação humana, a bioética segue quatro princípios fundamentais.

Beneficência
Se algum dano for inevitável, deve-se ter em vista o maior bem possível naquela situação.

Não maleficência
Nenhum mal deve ser causado intencionalmente. Antes de tudo, vem a obrigação de não causar danos.

Autonomia
Respeitar a capacidade de cada pessoa em deliberar e decidir por si mesma.

Justiça
Agir com equidade (julgamento justo), reconhecendo as diferenças, as necessidades e o direito de cada um.

Ilustrações: Visual Generation/Shutterstock.com/ID/BR

Atividades

- Com os colegas e o professor, converse sobre o texto e sobre os princípios da bioética e responda:
  a. Como essas questões se relacionam ao cotidiano de vocês?
  b. Que situações da vida familiar e da vida comunitária têm relação com esses temas?
  c. Vocês já viram filmes ou leram notícias que tratam de temas relacionados à bioética e seus princípios?

Experiências religiosas

Você está concluindo uma etapa importante da vida escolar. Durante os nove anos do Ensino Fundamental, você cresceu e aprendeu muito, desenvolveu novas habilidades e capacidades com base em diferentes interações.

A disciplina de Ensino Religioso acompanhou você nesse percurso, contribuindo com uma variedade de temas e reflexões, novos modos de compreender a vida e o conhecimento da diversidade religiosa no Brasil e no mundo. Tudo isso foi compartilhado com os colegas e o professor por meio de vivências e atividades.

Atividades

1. **Agora, relembre sua trajetória nesta disciplina e registre o que mais marcou você nessa jornada. Para isso, volte à primeira página deste livro e folheie-o novamente, revendo os textos e as imagens.**

a. Que conhecimentos religiosos foram mais significativos para a sua vida? Aponte ao menos três.

____

____

____

____

b. Que conhecimentos religiosos podem ajudar você a ter uma convivência respeitosa com pessoas de outras religiões e com pessoas que não seguem uma religião? Aponte ao menos três.

____

____

____

____

c. Que conhecimento ou prática relacionados a uma religião diferente da sua lhe causou maior admiração pelo significado simbólico que manifesta? Explique.

____

____

____

____

d. Ao longo dessa trajetória, percebemos que as diferentes tradições religiosas buscam estabelecer um diálogo permanente no que se refere ao respeito à vida. Quais foram os ensinamentos dessas religiões que você levará para situações futuras?

____

____

____

2. Com a orientação do professor, forme com os colegas uma roda de conversa e discuta as respostas da turma à atividade **1**.

3. Observe a imagem, leia a lenda hindu acerca de um importante saber religioso e, em seguida, responda às questões.

Conta uma velha lenda hindu que outrora todos os homens eram deuses, mas abusaram de tal modo da sua natureza divina que Brahma, o Senhor dos deuses, decidiu retirar-lhes esse poder divino e escondê-lo em lugar onde lhes fosse impossível encontrá-lo. O problema, contudo, era encontrar esse esconderijo. Brahma convocou, pois, todos os deuses menores a fim de resolver este problema, e a sugestão que eles lhe deram foi enterrar a divindade do homem bem no fundo da terra. Mas Brahma respondeu-lhes que isso não seria suficiente, pois o homem escavaria a terra e acabaria por reencontrar a sua natureza divina. Então os deuses sugeriram que se atirasse para o fundo do mar a natureza divina do homem. E de novo Brahma lhes respondeu que, mais tarde ou mais cedo, o homem exploraria as profundezas do mar e a recuperaria. Os deuses menores já não sabiam que outros lugares poderiam existir, quer na terra, quer no mar, onde o homem não conseguisse chegar um dia. Então Brahma disse: "Vamos fazer o seguinte com a natureza divina do homem: vamos escondê-la bem no fundo de si mesmo, pois será esse o único lugar onde o homem nunca a irá procurar." E desde esse dia, segundo conta a lenda, o homem tem percorrido e explorado o mundo, subido às montanhas mais altas e descido às grandes profundezas da terra e do mar, sempre à procura do que está dentro de si próprio.

Fernanda Ribeiro Lima. Lenda hindu. Nowmastê, 10 abr. 2016. Disponível em: <https://www.nowmaste.com.br/lenda-hindu/>. Acesso em: 21 jun. 2019.

Belight/Shutterstock.com/ID/BR

Meditar é uma das formas de entrar em contato com a nossa natureza divina.

a. Que ensinamento fundamental é trazido por essa lenda hindu?

b. Qual é a relação desse ensinamento com o respeito à dignidade da pessoa humana? Compartilhe sua resposta com os colegas e o professor.

Conexões

François Lenoir/Reuters/Fotoarena

Enfermeira com os robôs Pepper (à esquerda) e Zora (à direita), encarregados de receber e cuidar de pacientes em um hospital na Bélgica. Foto de 2016.

Em fevereiro de 2019, foi realizado na Academia Pontifícia da Vida da Igreja Católica, no Vaticano, o seminário Roboética: Humanos, Máquinas e Saúde. Com a participação de cientistas, teólogos e pensadores de ética e bioética, o evento discutiu questões éticas e morais ligadas ao desenvolvimento de robôs cada vez mais avançados.

A jornalista Jen Copestake, da *BBC News*, escreveu uma reportagem sobre o seminário. A reportagem tem início com dois questionamentos:

> À medida que a inteligência artificial de robôs se torna cada vez mais sofisticada, e eles são encarregados de cada vez mais tarefas antes restritas a humanos, como será que eles responderão aos dilemas morais de nossa sociedade? Como encaixar nossas noções de alma com a presença de robôs cada vez mais parecidos conosco? [...]
>
> Jen Copestake. Papa Francisco: Por que o líder católico está preocupado com o futuro dos robôs. *BBC News*, 30 mar. 2019. Disponível em: <https://www.bbc.com/portuguese/internacional-47711844>. Acesso em: 21 jun. 2019.

Atividades

- Com os colegas e o professor, converse sobre as questões levantadas pela jornalista Jen Copestake. Depois, sintetize em quatro questões os principais itens discutidos no texto citado.

A Igreja católica se preocupa

Em audiência com participantes do seminário Roboética: Humanos, Máquinas e Saúde, o papa Francisco expressou sua preocupação com o assunto então discutido.

Leia o texto a seguir para conhecer alguns trechos do pronunciamento do papa.

[...] A atual evolução da capacidade técnica produz um encantamento perigoso: ao invés de entregar à vida humana os instrumentos que melhoram o seu cuidado, corre-se o risco de entregar a vida à lógica dos dispositivos que decidem o seu valor [...].

[...] os automatismos funcionais permanecem qualitativamente distantes das prerrogativas humanas do saber e do agir. E, portanto, podem se tornar socialmente perigosos. [...]

Os dispositivos artificiais que simulam capacidades humanas, na realidade, são desprovidos de qualidade humana [...]. É preciso levar isso em conta para orientar a regulamentação do seu emprego, e a própria pesquisa, em direção a uma interação construtiva e justa entre os seres humanos e as mais recentes versões de máquinas [...].

Precisamente quando a humanidade possui as capacidades científicas e técnicas para obter um bem-estar igualmente difundido, de acordo com o mandato de Deus, observamos um acirramento dos conflitos e um crescimento das desigualdades. [...]

[...] a inteligência artificial, a robótica e as outras inovações tecnológicas [...] devem ser empregadas [...] a serviço da humanidade [...], em vez de exatamente o oposto [...]. A inerente dignidade de todo ser humano deve ser posta firmemente no centro da nossa reflexão e da nossa ação.

Papa: hoje existe o risco de dar vida à lógica das máquinas e dos dispositivos. Revista *IHU On-line*, 26 fev. 2019. Disponível em: <http://www.ihu.unisinos.br/78-noticias/586976-papa-hoje-existe-o-risco-de-dar-vida-a-logica-das-maquinas-e-dos-dispositivos>. Acesso em: 21 jun. 2019.

Ettore Ferrari/Pool/AFP

Papa Francisco. Foto de 2019.

Atividades

1. Converse com os colegas e o professor sobre as palavras do papa Francisco e busque exemplos para esclarecer o que o líder católico aponta.
2. Após a discussão coletiva, responda: Em sua opinião, os avanços da inteligência artificial e da robótica são motivo de preocupação? Por quê?

Espaço de diálogo

O tema da inteligência artificial (IA) mobiliza não apenas o mundo científico, mas diferentes setores da sociedade, inclusive o religioso, como visto anteriormente.

No texto a seguir, a Igreja católica levanta questionamentos sobre a inteligência artificial. Leia-o e depois responda às questões.

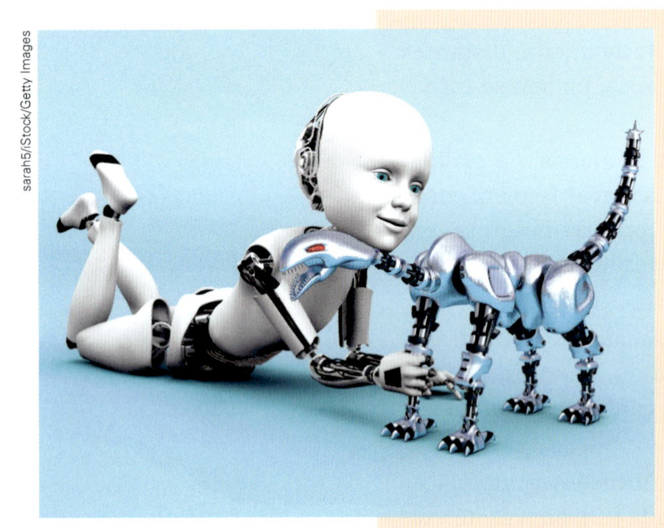

sarah5/iStock/Getty Images

Representação de um robô humano e um robô cachorro brincando.

"Se máquinas artificialmente inteligentes têm uma alma, terão elas a capacidade de estabelecer uma relação com Deus? A Bíblia ensina que a morte de Jesus redimiu 'todas as coisas' na criação e tornou possível a reconciliação com Deus. Então Jesus morreu pela **inteligência artificial** também? A IA pode ser 'salva'?" [...].

[...]

"Se, por exemplo, amanhã uma expedição de marcianos vier até aqui e um deles disser 'eu quero ser batizado', o que aconteceria?", perguntou-se ele [o papa Francisco]. "Quando o Senhor mostra o caminho, quem somos nós para dizer: 'Não, o senhor não é decente'. Não, nós não podemos fazer dessa maneira".

[...]

[...] O cristianismo, a maior religião do mundo, deveria abraçar "toda" a **vida inteligente**? Até mesmo **alienígenas**? [...] essa lição do papa abre a porta à aceitação de um outro ser da ficção científica [...], as **máquinas hiperinteligentes**.

[...]

Até aqui as dúvidas dizem respeito à **crença religiosa**, mas há também muitas outras relacionadas à prática religiosa. Se os **cristãos** aceitam que toda a criação destina-se a glorificar a Deus, como a **IA** faria isso? Será que a IA frequentaria a igreja, cantaria hinos, cuidaria dos pobres? Será que ela rezaria? [...]

[...] Os cristãos acreditam que Deus faz seres humanos, mas os seres humanos fazem máquinas. Segundo essa lógica, pode-se concluir que a IA não pode ser considerada filha de Deus ou possuidora de alma.

Instituto Humanitas Unisinos. A inteligência artificial é uma ameaça ao cristianismo? *Revista IHU On-line*, 4 mar. 2017. Disponível em: <http://www.ihu.unisinos.br/78-noticias/565375-a-inteligencia-artificial-e-uma-ameaca-ao-cristianismo>. Acesso em: 21 jun. 2019.

Atividades

1. Segundo o texto, a inteligência artificial pode ser considerada filha de Deus?

2. Em sua opinião, o que o papa Francisco quis dizer com "O cristianismo, a maior religião do mundo, deveria abraçar 'toda' a vida inteligente [...]"? Converse com o professor e os colegas.

Refletir sobre princípios éticos

Nesta unidade, discutimos um tema que avança em grandes proporções e que parece irreversível e também refletimos sobre a bioética e a preocupação das religiões em relação à inteligência artificial.

No Brasil, existem **comitês de ética** que ajudam os pesquisadores a realizar estudos de acordo com padrões éticos para garantir a integridade e a dignidade das pessoas. Também existem comitês de ética específicos para avaliar as pesquisas que usam animais nos estudos.

comitê de ética: grupo de pesquisadores e intelectuais de diversas áreas do conhecimento que deve existir nas instituições de pesquisa com o objetivo de defender os interesses da sociedade e garantir que o desenvolvimento da pesquisa esteja de acordo com os padrões éticos.

Atividades

1. Com base nessa informação, forme um grupo com quatro ou cinco colegas e leiam o texto a seguir. Em seguida, conversem sobre as principais ideias nele presentes.

> A cada dia que passa, os robôs se tornam mais inteligentes e, em poucos anos, poderão assumir muitas das atividades que hoje são do ser humano. Se essa previsão for confirmada, por que ter motoristas, vendedores, médicos, advogados e tantos outros profissionais se robôs superinteligentes podem assumir essas funções? Basta que, de tempos em tempos, eles sejam atualizados para que possam continuar exercendo tais tarefas.
>
> Se os robôs desempenharem muitas das funções que são hoje próprias do ser humano, eles também deveriam ter direitos para evitar que sejam explorados pelos seus donos? Isso quer dizer que robôs sempre terão que ter um dono que se responsabilize por eles, ou eles precisam ser considerados autônomos e assumir as consequências dos seus próprios atos? Sendo assim, deveríamos respeitar a sua autonomia? Eles têm autonomia? Você já pensou sobre isso?

2. Após debater o texto, escreva uma síntese da reflexão do grupo.

____

____

____

____

3. Imagine que você e seu grupo tenham de continuar o texto, levantando outros questionamentos sobre a existência de robôs superinteligentes e seus direitos. Pensem em três questões que poderiam ser apresentadas e escreva-as a seguir.

- ________________________________
- ________________________________
- ________________________________

4. Agora, com o professor e os colegas, verifique a possibilidade de convidar o professor de Filosofia ou de Ciências da escola para realizar uma roda de conversa com base nas perguntas elaboradas pelos grupos.

Atitudes de paz

Nesta unidade, discutimos um tema muito atual, com implicações éticas que demandam reflexão e discernimento. Que tal ampliar a compreensão desse tema ouvindo outras opiniões?

Andrea Comas/Reuters/Fotoarena

Criança interage com robô exposto na Conferência Internacional de Robôs Humanoides, realizada em Madri, na Espanha, em 2014. Essa edição do evento abordou o tema "Seres humanos e robôs cara a cara".

1. **Compartilhe com um familiar ou um colega de outra turma (ou de outra escola) as ideias sobre bioética e inteligência artificial que foram discutidas até aqui. Se possível, converse com alguém que se interessa pelo assunto. Em seguida, faça o que se pede.**

- Em grupos com três ou quatro alunos, elaborem um resumo da reflexão de vocês acerca dos avanços da inteligência artificial e sobre as implicações éticas de tais avanços. Esse resumo pode ser elaborado da maneira que desejarem. Exemplos: texto ilustrado com desenhos feitos por vocês ou com imagens da internet; história em quadrinhos; texto para ser apresentado oralmente, painel com imagens e textos; vídeo feito com o celular; letra de música, etc.
- Combinem com o professor uma data para apresentar o trabalho. Concluídas as apresentações, com toda a turma, discutam o resultado dos trabalhos, avaliando o conteúdo, bem como a capacidade de todos de transmitir com precisão e originalidade a reflexão sobre o tema.

2. Retome o que foi trabalhado nesta unidade e elabore três perguntas que você considera fundamentais sobre o progresso da inteligência artificial e da robótica. Registre-as.

____

____

____

____

3. Agora, faça essas mesmas perguntas a duas pessoas distintas: um adulto de seu convívio e um líder religioso. Grave as entrevistas com o celular ou outro equipamento. Depois, transcreva na ficha abaixo os trechos que mais chamaram sua atenção.

Nome:
Religião:

Nome:
Religião:

4. Com a ajuda do professor, organize uma roda de conversa para compartilhar os resultados das entrevistas. Nessa partilha, comente:

a. O que mais chamou sua atenção nas respostas dos entrevistados?

b. Que aspectos foram ressaltados pelo líder religioso?

Mais atividades

Para ampliar as reflexões sobre os avanços da inteligência artificial e seus potenciais riscos para as relações humanas, que tal organizar um evento na escola para discutir a robótica e a bioética? Pode ser um fórum, uma palestra, uma roda de conversa, um debate, etc. Para isso, escolha alguns temas para discussão, siga as dicas de organização indicadas a seguir e participe do grupo integrador ou divulgador.

iQoncept/Shutterstock.com/ID/BR

Alguns temas para discussão

- Que riscos podem decorrer dos avanços da inteligência artificial?
- Quais são as possíveis relações entre seres humanos e robôs?
- De que modo os robôs podem afetar o trabalho das pessoas?
- Com tantos desempregados no país, precisamos mesmo de robôs?
- Se os direitos humanos não são sequer respeitados, vale a pena discutir os direitos dos robôs?
- Os avanços da tecnologia estão contribuindo para que as sociedades se tornem mais justas?

Dicas de organização

1. Com a turma, organizem-se em cinco grandes grupos: três grupos de pesquisa, um de integradores e um de divulgadores.
2. Cada grupo de pesquisa deve escolher um tema para apresentar.
3. Os integrantes do grupo devem definir regras para o evento (por exemplo, o tempo de apresentação de cada grupo).
4. Calculem quanto tempo cada grupo necessita para pesquisar o tema e elaborar sua argumentação.
5. Os grupos devem se preparar para sustentar suas posições, reunindo dados e exemplos.
6. Definam a ordem de apresentação dos grupos de pesquisa.
7. Definam também a ordem de fala dos integrantes de cada grupo de pesquisa.
8. Organizem previamente o local do evento, reservando um espaço para os grupos e um espaço para o público.
9. Durante as apresentações, é importante garantir que se cumpra o tempo de fala de cada grupo, sem interrupções.
10. No final, abram espaço para perguntas e respostas, sempre respeitando a integridade das falas de cada um e as diferenças de opinião entre os colegas.
11. É importante que cada grupo de pesquisa, durante ou após a apresentação, faça ao menos uma pergunta aos participantes.

Grupos diferenciados

- Grupo integrador: será responsável por registrar a experiência em fotos, vídeos breves e relatos, que serão editados para compor uma reportagem sobre a experiência da turma.
- Grupo divulgador: ficará responsável por elaborar cartazes ou recorrer a outras mídias de divulgação do evento e também por providenciar convites ao público (outras turmas da escola, familiares, comunidade).

Avaliação final

Após o evento, forme uma roda com a turma e converse sobre as questões a seguir.

- Como foi a experiência?

___

___

___

___

- Como se sentiram?

___

___

___

___

- O que foi marcante?

___

___

___

___

- O que aprenderam?

___

___

___

___

- Registre aqui suas observações gerais sobre o evento.

___

___

___

___

___

___

Oficina de jogos

Neste jogo, você e os colegas vão testar seus conhecimentos sobre as tradições religiosas e recordar de maneira divertida todo o percurso que fizeram durante os estudos de Ensino Religioso. Para isso, se possível, tragam de casa os livros desta coleção utilizados nos anos anteriores.

Para construir o jogo

O jogo deverá ser elaborado coletivamente pela turma; contudo, cada aluno ficará com uma cópia do material produzido, para uso pessoal. Confira o passo a passo para a produção do *quiz*.

Com base nos conteúdos dos livros desta coleção, cada aluno vai produzir duas questões de múltipla escolha, com quatro alternativas de resposta, e registrar no caderno a versão preliminar de cada questão. Uma questão deve ser mais simples e outra, mais complexa. Ao elaborá-las evite textos longos; não faça "pegadinhas" (a intenção é reforçar o aprendizado, e não induzir a erro); evite cópias da internet ou de outros livros (apesar disso, você pode consultá-los e citá-los, caso realmente considere necessário); lembre-se de que é possível usar imagens na elaboração das questões.

Exemplo de questão simples

1. Qual destes nomes refere-se à tradição religiosa do islamismo?

a) Oxalá
b) Jeová
c) Tupã
d) Maomé

Resposta correta: alternativa **d**.

Exemplo de questão complexa

2. Considere as seguintes afirmações sobre a religião católica:

I. Atualmente, um de seus principais líderes religiosos é o papa Francisco.
II. Seus fiéis acreditam na ressurreição.
III. Seu livro sagrado é o Alcorão.
IV. Dois dos principais alimentos por ela considerados sagrados são o pão e o vinho.

Marque a alternativa que indica apenas afirmações verdadeiras.

a) I e II.
b) II e III.
c) I, II e III.
d) I, II e IV.

Resposta correta: alternativa **d**.

Sob a orientação do professor, no laboratório de Informática, crie um *slide* para cada questão que você elaborou. Lembre-se de incluir um logo, definido pela turma, para representar o *quiz*. Para isso, vocês podem pesquisar imagens na internet ou criar um desenho. Veja o exemplo abaixo.

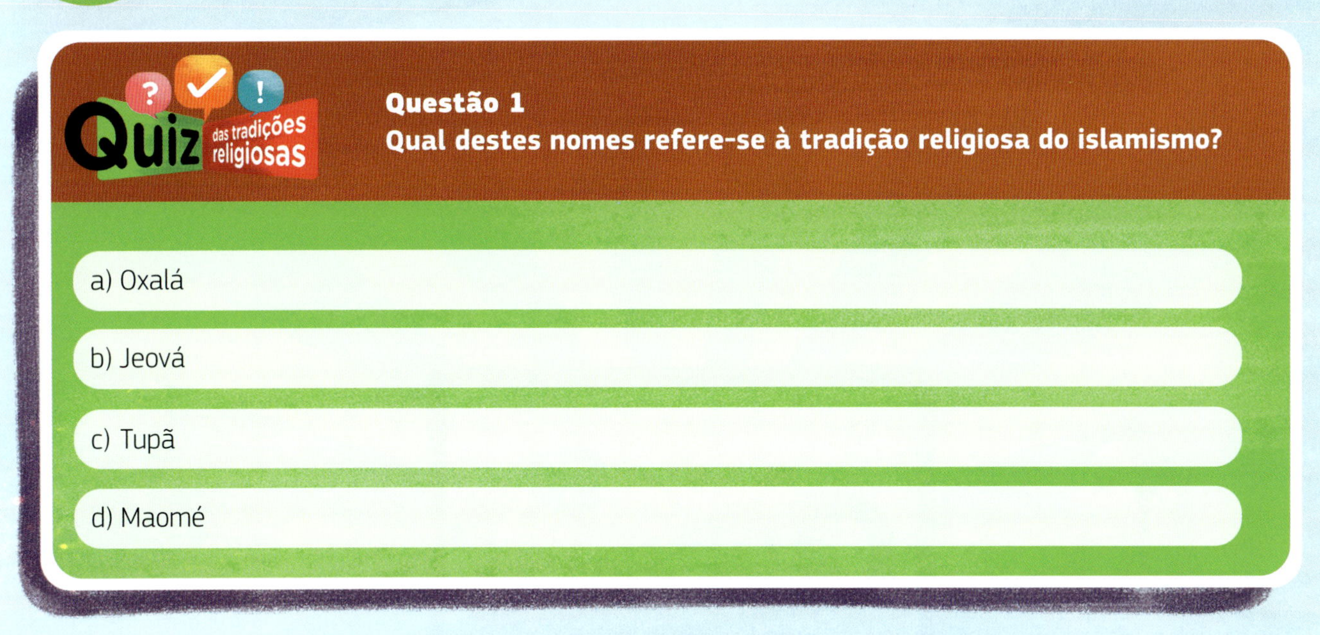

Para cada pergunta, crie outro *slide* que indique a respectiva resposta, conforme o exemplo a seguir.

Organize a apresentação de cada par de pergunta e resposta, aplicando um efeito de transição de um *slide* para outro.

Uma vez produzido todo o material a ser usado durante o jogo, peça ao professor para compilar todas as questões em um só documento. Nessa etapa, é importante que seja organizada a apresentação aleatória das questões, mantendo a sequência correta de perguntas e respostas. Com os colegas e o professor, estabeleça regras relativas à dinâmica do jogo. Depois, é só se divertir!

Possibilidades de jogo

- Este *quiz* pode ser jogado individualmente, em duplas, em grupos ou coletivamente, com a turma toda. Nos três últimos casos, é essencial a presença de um mediador que conduza o jogo, seja fazendo a leitura das questões, seja verificando as respostas e garantindo o cumprimento das regras.
- Ao jogar em grupos, é possível estabelecer que todos os jogadores respondam às mesmas questões ou que cada um responda a uma questão diferente.

Variáveis do jogo

1. Caso você e os colegas optem por jogar individualmente, é possível criar um recurso de ajuda, que pode ser chamado de **Dica** e que funcionará da seguinte maneira:
   - Quando o jogador estiver inseguro em relação à resposta, terá direito de usar essa dica uma única vez. Para isso, deve pedir a um colega que veja a resposta e elimine duas alternativas incorretas.
   - O colega responsável por ajudar não pode comentar as alternativas nem justificar as razões de sua escolha. Caso esse colega proceda em discordância com as regras, a questão será anulada.
2. Se optarem por jogar em grupos, cada equipe deve selecionar um representante para responder, depois de analisar a questão em conjunto.

3. Se optarem por jogar coletivamente, com toda a turma ao mesmo tempo, organizem-se em três ou quatro grupos. O professor será o mediador e fará a leitura de cada questão. Cada grupo deve discutir a questão entre seus integrantes e escrever em um cartão a resposta que considerar correta (outra possibilidade aqui é selecionar uma placa com a letra da alternativa escolhida como resposta). Após transcorrido o tempo determinado pelo professor, todos os grupos erguem suas placas e conferem suas respostas.

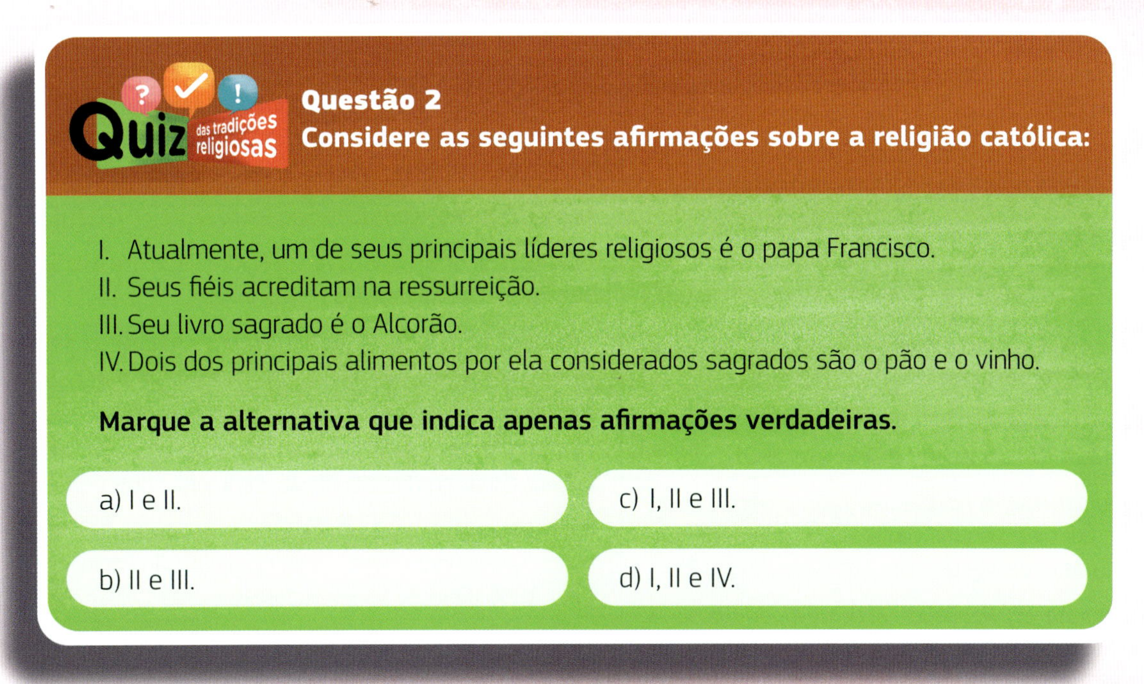

Recomendação

À medida que forem jogando, você e os colegas poderão aprimorar as questões existentes ou mesmo elaborar novas perguntas a fim de diversificar o material utilizado no jogo.

Bibliografia

ALVES, R. *O que é religião*. São Paulo: Brasiliense, 1981.

BACH, M. *As grandes religiões do mundo*. Rio de Janeiro: Nova Era, 2002.

BASTIDE, R. *As religiões africanas no Brasil*. São Paulo: Livraria Pioneira Editora, 1989.

BIACA, V. et al. *O sagrado no ensino religioso*. Curitiba: Seed-PR, 2006 (Cadernos Pedagógicos do Ensino Fundamental).

BÍBLIA SAGRADA. Edição Pastoral. São Paulo: Paulus, 1990. Disponível em: <http://www.paulus.com.br/biblia-pastoral/_INDEX.HTM>. Acesso em: 19 jun. 2019.

BOFF, L. *Fundamentalismo*: a globalização e o futuro da humanidade. Rio de Janeiro: Sextante, 2002.

_______. *O casamento entre o céu e a terra*: contos dos povos indígenas do Brasil. Rio de Janeiro: Salamandra, 2001.

BOWKER, J. *Para entender as religiões*: as grandes religiões mundiais explicadas por meio de uma combinação perfeita de texto e imagens. Trad. Cássio de Arantes Leite. São Paulo: Ática, 1997.

BRASIL. *Constituição da República Federativa do Brasil de 1988*. Disponível em: <http://www.planalto.gov.br/ccivil_03/constituicao/constituicao.htm>. Acesso em: 19 jun. 2019.

_______. Ministério da Educação. Secretaria de Educação Básica. *Base nacional comum curricular*: educação é a base. Brasília: MEC/SEB, 2013. Disponível em: <http://basenacionalcomum.mec.gov.br/>. Acesso em: 19 jun. 2019.

_______. Ministério da Educação. *Diretrizes curriculares nacionais gerais da Educação Básica*. Brasília: MEC/SEB, 2013. Disponível em: <http://portal.mec.gov.br/docman/julho-2013-pdf/13677-diretrizes-educacao-basica-2013-pdf/file>. Acesso em: 19 jun. 2019.

_______. Presidência da República. Lei n. 8069, de 13 de julho de 1990. Dispõe sobre o Estatuto da Criança e do Adolescente. Disponível em: <http://www.planalto.gov.br/ccivil_03/leis/l8069.htm>. Acesso em: 19 jun. 2019.

CASCUDO, L. da C. *Contos tradicionais do Brasil*. São Paulo: Global, 2011.

CHAUI, M. *Convite à filosofia*. São Paulo: Ática, 2006.

COOGAN, D. (Org.). *Religiões*: história, tradições e fundamentos das principais crenças religiosas. Trad. Graça Salles. São Paulo: PubliFolha, 2007.

CROATTO, J. *As linguagens da experiência religiosa*: uma introdução à fenomenologia da religião. Trad. Carlos Maria Vásquez Gutiérrez. São Paulo: Paulinas, 2004.

CUNHA, A. G. da. *Dicionário etimológico da língua portuguesa*. 3. ed. Rio de Janeiro: Lexikon, 2007.

DALAI-LAMA. *A arte da felicidade*: um manual para a vida. Trad. Waldéa Barrellos. São Paulo: Martins Fontes, 2000.

ELIADE, M. *O sagrado e o profano*: a essência das religiões. Trad. Rogério Fernandes. São Paulo: Martins Fontes, 2001.

EPICURO. *Carta sobre a felicidade*: a Meneceu. Trad. Álvaro Lorencini e Enzo Del Carratore. São Paulo: Ed. da Unesp, 1999.

FOUCAULT, M. De espaços outros. Trad. Ana Cristina Arantes Nasser. *Estudos Avançados*, São Paulo, v. 27, n. 79, 2013.

GAARDER, J. et al. *O livro das religiões*. Trad. Isa Mara Lando. São Paulo: Companhia das Letras, 2005.

GIACOMO, M. T. C. de (Adap.). *A lenda da mandioca*: lenda dos índios Tupi. 2. ed. São Paulo: Melhoramentos, 1977 (Coleção Lendas Brasileiras, 7).

HEIDEGGER, M. *Carta sobre o humanismo*. 2. ed. rev. Trad. Rubens Eduardo Frias. São Paulo: Centauro, 2005.

KANT, I. Fundamentação da metafísica dos costumes. In: *Kant II*: textos selecionados. Trad. Paulo Quintela. São Paulo: Abril Cultural, 1980 (Coleção Os Pensadores).

KARDEC, A. *O evangelho segundo o espiritismo*. 2. ed. São Paulo: Opus, 1985.

KIERKEGAARD, S. *Migalhas filosóficas ou um bocadinho de filosofia de João Clímacus*. 2. ed. Trad. Ernani Reichmann e Álvaro Valls. Petrópolis: Vozes, 2008.

KÜNG, H. *Religiões do mundo*: em busca dos pontos comuns. Trad. Carlos Almeida Pereira. Campinas: Verus, 2004.

LOPES, N. *Dicionário escolar afro-brasileiro*. São Paulo: Selo Negro, 2015.

NIETZSCHE, F. W. *100 aforismos sobre o amor e a morte*. Trad. Paulo César de Souza. São Paulo: Penguim-Companhia das Letras, 2012.

_______. *A gaia ciência*. Trad. Antonio Carlos Braga. São Paulo: Lafonte, 2017.

OLIVEIRA, L. B. de et al. *Ensino religioso*: fundamentos e métodos. São Paulo: Cortez, 2007.

PASSOS, J. D. *Como a religião se organiza*: tipos e processos. São Paulo: Paulinas, 2006.

SANCHEZ, W. L. *Pluralismo religioso*: as religiões no mundo atual. São Paulo: Paulinas, 2005.

TERRIN, A. *Introdução ao estudo comparado das religiões*. Trad. Giuseppe Bertazzo. São Paulo: Paulinas, 2003.

VILHENA, M. *Ritos*: expressões e propriedades. São Paulo: Paulinas, 2005.

ZILLES, U. *Filosofia da religião*. 7. ed. São Paulo: Paulus, 2009.